LORIOT

Der ganz offene Brief

HRSG. SUSANNE VON BÜLOW · PETER GEYER · OA KRIMMEL

HOFFMANN UND CAMPE

1. Auflage 2014
Copyright © 2014 by Hoffmann und Campe Verlag, Hamburg
www.hoca.de
ISBN 978-3-455-40514-9

HOFFMANN
UND CAMPE

Ein Unternehmen der
GANSKE VERLAGSGRUPPE

Inhalt

Vorwort

In den Jahren 1957 bis 1961 schrieb Loriot im wöchentlichen Wechsel mit seinem Kollegen Manfred Schmidt – dem in jenen Tagen berühmtesten deutschen Karikaturisten – über hundert redaktionelle Leserbriefe für die Zeitschrift *Quick*. Die vom Verlag Th. Martens & Co. herausgegebene, 1992 eingestellte und heute kaum noch bekannte Illustrierte konkurrierte damals erfolgreich mit *Stern* und *Bunte*. Sie war Mekka und Spielwiese vieler humoristischer Zeichner, die zwar mit Zensur rechnen mussten, dafür aber ihr Können ressortübergreifend auch in Reise- und Gesellschaftsberichten unter Beweis stellen konnten.

Als Vicco von Bülow nach sechs Semestern Studium an der Landeskunstschule in Hamburg im Frühjahr 1950 beschloss, heitere Illustrationen zu seinem Broterwerb zu machen, schickte er erste Arbeiten nicht nur an den *Stern*, sondern auch an die *Quick* und deren weniger profilierte Verlagsschwester *Weltbild*. Von Letzteren wurden Loriots Einsendungen lange Zeit nur mit einsilbigen Absagen bedacht, während der *Stern* bereits im August 1950 fünf Zeichnungen [1] auf der Humorseite abdruckte. Erst als im Juli 1953 Loriots Rollentauschserie *Auf den Hund gekommen* nach elf Folgen [2] und auffallend vielen empörten Leserbriefen von *Stern*-Chefredakteur Henri Nannen eingestellt wurde, kam es Ende Dezember 1953 zu einer Veröffentlichung von vier Zeichnungen auf der Rückseite von *Weltbild* [3]. Doch auch das Verhältnis zwischen Loriot und dem Verlag Th. Martens & Co. war von Beginn an schwierig. Zwar wurde am 6. Mai 1954 ein Vertrag geschlossen, der den mittellosen Zeichner und seine junge Familie – Tochter Bettina war im Januar auf die Welt gekommen – vorerst absicherte, in den Folgemonaten gab es jedoch jede Menge Spannungen über das unterschiedliche Humorverständnis. Viele Beiträge Loriots wurden scharf kritisiert oder gar nicht erst zur Veröffentlichung angenommen. Am 30. August 1955 kündigte der Verleger Diedrich Kenneweg Loriot schließlich mit folgendem Wortlaut: „... Ich teilte Ihnen schon mit, dass sich unsere Leser mehr und mehr gegen Ihren Stil ausgesprochen haben.

Daran kann ein Verleger nicht vorbeigehen. Ich hatte Ihnen das mit meinem damaligen Brief schon mitgeteilt und Sie gebeten, doch Ihre Art zu zeichnen und auch die Wahl Ihrer Themen ein bisschen mehr am Geschmack unserer vielen Leser zu orientieren. Das ist Ihnen anscheinend nicht geglückt, oder Sie haben es – das wäre Ihr gutes Recht – nicht gewollt. Die Basis für eine Vertragsverlängerung ist damit dann allerdings auch entzogen worden."[4]

Obwohl der Verstoßene schon im Januar 1956 wieder für die *Quick* zeichnen durfte, sollte sich das Blatt erst im Herbst mit dem Beginn der Ratgeberserie *Der Gute Ton*[5] wenden. Loriot hatte endlich sein Thema gefunden; sein Spott schien sich nur noch gegen eine kleine elitäre Schicht zu richten, weswegen die Mehrheit der Leser darüber lachen konnte. Spätestens mit der erfolgreichen Buchveröffentlichung einer Auswahl der Zeichnungen[6] im Herbst 1957 wurde Loriot für die *Quick* unentbehrlich. Inzwischen war er nach München gezogen und sein monatliches Honorar von 1250 auf 2000 DM angehoben worden. Hatte er zuvor mit der Redaktion beinahe ausschließlich postalischen Kontakt gehabt, so war er jetzt räumlich angebunden und sparte überdies die Zeit, die der Versandweg beansprucht hatte. Außerdem konnte er neue Ideen persönlich vorstellen und sich in redaktionelle Belange einbringen. Während *Weltbild* bereits seit Mitte der 50er Jahre auf den ersten Seiten eine Leserbriefseite und einen humorvoll gehaltenen Kommentar zu einer aktuellen Meldung aufwies, eröffnete die *Quick* bis zum Spätsommer 1957 direkt mit einer Reportage. In die Überlegungen zur Umgestaltung wurde Loriot einbezogen. Die *Quick*-Redaktion wollte künftig mit den damals sehr beliebten Preisrätseln aufmachen und suchte noch einen komischen Einstieg. Loriot fügte die beiden in *Weltbild* erprobten Auftaktelemente einfach zu einem, indem er fingierte humorvolle, kommentierende Leserbriefe an die Redaktion ersann. Am 28. September 1957 war es dann so weit: *Der erste ganz offene Brief*[7] erschien in *Quick* Nr. 39 mit hellsichtigem Geleit: „Auch Loriot, der Meister des guten Tons, liest die QUICK, zumal er jede Woche ein Exemplar umsonst bekommt. In diesem Brief wendet er sich mit einem brennenden Problem an die Redaktion. Wir fürchten, dass weitere Briefe folgen." →

In der Tat sollte bis zum 8. Oktober 1961 nur eine einzige Ausgabe der *Quick* [8] ohne die neue Kolumne erscheinen. In diesem Zeitraum wurde das ursprünglich kursiv gesetzte „ganz" im Titel begradigt, eine erste echte Leserbriefseite im direkten Umfeld angesiedelt und Loriots monatliches Garantiehonorar verdreifacht. Jeder zweite *ganz offene Brief* kam aus der Feder von Loriots Vorbild und Freund Manfred Schmidt, dessen Mitwirkung half, gemeinsam jeden terminlichen Engpass oder Urlaub zu überbrücken. Die Schreiben beider Zeichner betrafen das aktuelle Zeitgeschehen, kuriose Meldungen oder private Ärgernisse und waren stets satirischer Natur. In Buchform sind sie bisher nicht erschienen. Auch in Nachschlagewerken sind sie nicht verzeichnet. Sie sind ebenso vergessen wie in vielerlei Hinsicht bemerkenswert.

Dieser Band versammelt Loriots Briefe nun erstmals in einem Buch, vollständig und chronologisch geordnet. Womöglich in Vergessenheit geratene Personen, Ereignisse und Presseberichte, auf die Loriot sich bezieht, werden knapp kommentiert. Erläuternde Zwischentexte, erhaltene Verlagskorrespondenz und ein Reisebericht Loriots geben Einblick in die Umstände, die zur Beendigung der Serie führten. Außerdem erinnern einige Leserreaktionen auf die Kolumne daran, dass Loriot keineswegs als Legende vom Himmel gefallen ist, sich sein Prestige vielmehr in langjähriger Arbeit hart erkämpfen musste. Am Ende dieses Bandes stehen schließlich jene *ganz offenen Briefe*, die seinerzeit von der *Quick* verworfen wurden und hier zum ersten Mal der Öffentlichkeit zugänglich gemacht werden.

Mit seinen *ganz offenen Briefen* machte Vicco von Bülow den ersten Schritt vom Illustrator zum Autor. Ohne den Wert der begleitenden Zeichnungen schmälern zu wollen – im Vordergrund steht der Text. Loriots knappe, immer pointierte Ansagen als Fernsehmoderator sind hier bereits angelegt. Ebenso die Sketche, mit denen er ein Jahrzehnt später ein Massenpublikum faszinieren sollte. Allein die Dialoge fehlen noch, und vieles ist ein wenig roher, verspielter, nicht ganz so geschliffen formuliert. Die Themen sind jedoch (fast) alle schon da: von Hosenkauf und Geschlechterkampf über die Methoden der Werbewirtschaft, den Massentourismus und Fragen der Innen- wie Außenpolitik bis hin zum deutsch-deutschen Verhältnis und dem von Herr und Hund. Loriot zeichnet hier in Text und Bild ein Sittengemälde der jungen Bundesrepublik zwischen Wirtschaftswunder, Verordnungsdschungel und Moralinsäure.

Loriots Prosawerk, oft mit dem Tucholskys und Kästners verglichen, ist eher schmal und besteht vornehmlich aus Sketchen und Reden. Romane oder Kurzgeschichten hat er keine hinterlassen. Nun kommen ein paar Briefe dazu.

Peter Geyer

[1] *Das ist die Höhe*, in: Stern, Nr. 35, 27. August 1950.
[2] Neun Folgen, wöchentlich vom 17. Mai bis zum 12. Juli 1953, sowie die beiden Pilotfolgen *Menschen sind an der Leine zu führen*, in: Stern, Nr. 5, 4. Februar 1951, und *Auf den Menschen gekommen*, in: Stern, Nr. 6, 8. Februar 1953.
[3] *Der Neue*, in: Weltbild, Nr. 26, 26. Dezember 1953.
[4] Diedrich Kenneweg an Loriot, Schreiben vom 30. August 1955.
[5] *Der Gute Ton. Ein Ratgeber von Loriot* erschien als Serie vom 13. Oktober 1956 bis zum 28. Dezember 1957 in der *Quick*.
[6] *Der gute Ton. Das Handbuch feiner Lebensart in Wort und Bild*, Diogenes Verlag, Zürich 1957.
[7] Siehe S. 13.
[8] *Quick*, Nr. 2, 11. Januar 1958. Die Ausnahme erfolgte zugunsten der Auflösung eines ganz besonderen Preisrätsels.

Der ganz offene Brief

Liebe QUICK!

Ich bin sowohl Automobilist als auch Fußgänger und entschlossen, mich genau an die Höchstgeschwindigkeit von 50 Stundenkilometern zu halten. Zu Fuß gelingt mir das mühelos, während hinter dem Steuer meines Wagens ein Problem aufgetaucht ist, mit dem ich nicht mehr allein fertigwerde: Kaum lasse ich die Straße mal für ein halbes Stündchen aus dem Auge, um den Tachometer zu beobachten, schon befinde ich mich in Stadtteilen, die ich nie zuvor gesehen habe. Als ich vorgestern vom Tachometer auf die Straße sah, musste ich feststellen, dass ich mich schon weit außerhalb Münchens befand und es nicht mehr weit bis Augsburg sein konnte. Ich wollte nur Gardinenringe kaufen, weil wir umgezogen sind. Zuerst hat das den Reiz der Überraschung, und man lernt die Umgebung kennen, aber irgendwann will man ja auch irgendwo genau hin. Gestern habe ich es zu Fuß versucht, aber der Verkehr wickelt sich nun in so erfreulicher Flüssigkeit ab, dass an ein Überqueren der Straße nicht mehr zu denken ist. Kann ich von der Polizei eine Beifahrerin verlangen?

Herzlichst Ihr

LORIOT

Sehr geehrte QUICK,

bisher kannte ich Sie als eine Zeitschrift, die immer da vornehme
Zurückhaltung übte, wo andere in beklagenswerter Haltlosigkeit
auch vor dem Letzten nicht haltmachten. Leider musste ich in
Ihrer Nummer 40 feststellen, dass Sie diesen gehobenen Standpunkt verlassen haben. Sie zeigten den Schauspieler O. W. Fischer
in einem Kinderwagen liegend, in dem er sich offensichtlich
wohlfühlte. Müssen Sie denn die intimsten Gewohnheiten
eines Menschen vor die Augen der Öffentlichkeit zerren?
Mit mir sind sich alle meine Bekannten darüber einig, dass Schauspieler auch Menschen sind. Wie diskret wirkten dagegen die
Besucher eines O.-W.-Fischer-Filmes, die ich kürzlich beobachten
durfte. Alle sahen bei einer Bettszene ihres Lieblings scheu zu
Boden.

Hochachtungsvoll

LORIOT

Der Schauspieler O. W. Fischer posierte für die Reportage *O. W.: So kennt man ihn noch nicht*
in einem Kinderwagen. (*Quick*, Nr. 40, 5. Oktober 1957)

Sehr geehrte QUICK,

entschuldigen Sie, wenn ich mich heute mit einer nicht alltäglichen
Sorge an Sie wende. Ich war gerade in Frankfurt und habe im
Kaiserkeller gegessen. Beim Verlassen desselben wurde mir die
Flügeltür von zwei livrierten Herren aufgerissen, und ich sah
mich auf einem roten Läufer, den man über den Bürgersteig zu
einer bereitstehenden schwarzen Limousine entrollt hatte.
Tausende von Menschen umdrängten Läufer und Auto.
Ich lächelte in stolzer Verwirrung und wollte ein paar Worte
sprechen. Aber die Stimme versagte. So schritt ich zum Wagen.
Bevor ich dem Chauffeur das Fahrtziel nennen konnte, fiel mein
Blick auf die Standarte vorn am Wagen. Sie zeigte einen Adler und,
wenn ich mich recht entsinne, schwarz-rot-goldene Farben.
Das Nummernschild mit dem Kennzeichen 0–1 bot die Erklärung.
Es war der Wagen des Bundespräsidenten. Da die Menschenmauer
ein Entkommen nicht ermöglichte, blieb nur der Weg zurück
ins Lokal. Dort war ich gezwungen, ein kostspieliges Menü zu
bestellen. Nun habe ich folgende Fragen:
1. Hat der Bundespräsident Verständnis für notleidende
Karikaturisten, die ohne eigenes Verschulden weit über
ihre Verhältnisse essen müssen?
2. Wem darf ich meine Spesenrechnung übersenden?

Hochachtungsvoll

Gemeint ist Theodor Heuss, von 1949 bis 1959 erster Bundespräsident der Bundesrepublik
Deutschland.

Sehr geehrte QUICK,

auch Ihnen wird nicht entgangen sein, dass der Umfang Ihrer
Zeitschrift in auffälliger Weise zugenommen hat. Ich bin daher
gezwungen, mit dem Studium derselben von Mal zu Mal früher
anzufangen, da auch die beste Illustrierte die Nachtruhe nicht
völlig ersetzt. Auf die Gefahr hin, Sie mit meinem Privatleben zu
langweilen, teile ich Ihnen mit, dass ich zum Lesen der letzten
QUICK-Nummer genau 17 Stunden 87 Minuten und 75 Sekunden
gebraucht habe. Zwei Stunden benötige ich aber noch zu den
täglichen Mahlzeiten. Eine Stunde nehme ich mir frei. Der Rest,
knapp drei Stunden, bleibt für die Nachtruhe oder für berufliche
Nutzung.
Wohin soll das führen?

Hochachtungsvoll

LORIOT

Die *Quick* hatte zwar keine verbindliche Seitenzahl, erweiterte ihren Umfang aber ab Heft
Nr. 39 vom 28. September 1957 von ca. 60 auf ca. 80 Seiten.

Sehr geehrte QUICK,

ich bin tief beeindruckt von der Tatsache, dass es einer Hündin
gelungen ist, in das Universum vorzustoßen, weil ich selbst zwei
Hunde besitze, die in solchen Dingen gar keinen Ehrgeiz zeigen.
Wir werden nun endlich erfahren, wie man sich bei 29 000
Stundenkilometern im Zustand völliger Schwerelosigkeit fühlt.
Mir persönlich war die Ungewissheit auf diesem Gebiet schon
immer unerträglich. Andererseits aber, und das ist der Grund
meines heutigen Schreibens, fühle ich mich beschämt, dass nicht
ein M e n s c h den Ruhm der ersten Weltraumreise erntet.
Schon bei flüchtigem Nachdenken sind mir verschiedene Persönlichkeiten eingefallen, die ich mit größtem Vergnügen im Abstand
von 1500 Kilometern um den Erdball rotieren sähe und deren
Flugbahn gewiss auch viele andere Menschen mit freudigem
Interesse verfolgen würden, ohne durch das Problem der gesicher-
ten Rückkehr sonderlich erregt zu sein. – An welche Stelle kann
ich diesbezügliche personelle Vorschläge richten, die vertraulich
behandelt werden?

Hochachtungsvoll

LORIOT

Die Hündin Laika reiste am 3. November 1957 an Bord der russischen Sputnik 2 als allererstes
Lebewesen in den Weltraum.

Sehr geehrte QUICK,

ein Vorfall, der nicht verschwiegen werden darf, zwingt mich zu
einem erneuten Schreiben an Sie. Ich bevorzuge zum Frühstück
Orangenmarmelade. Heute Morgen musste ich beim Öffnen
eines frischen Glases feststellen, dass der Inhalt aus einer von
mir verabscheuten Aprikosenkonfitüre bestand, obwohl das
Etikett ausdrücklich den Genuss von Orangen versprach. Der zur
Rede gestellte Delikatessenhändler gab mir zu verstehen, dass er
persönlich ja nicht in der Marmelade stecke, was ich ihm nach
kurzer Überlegung bestätigen musste. Ich glaube auch nicht, dass
man das von ihm verlangen kann, und wenn ich mich entscheiden
müsste, nähme ich zum Frühstück doch lieber Aprikosenkonfitüre
als einen Delikatessenhändler. Schließlich kenne ich den Mann ja
gar nicht.

Hochachtungsvoll

Siehe Leserbrief von E. Pasch, S. 235.

Sehr geehrte QUICK,

in der letzten Nummer las ich unter dem Titel *08/15 in Hollywood* Ihren abfälligen Bericht über das uniformierte Make-up der dort beschäftigten Weltstars. Ich kann Ihre tendenziöse Darstellung nicht unwidersprochen lassen. Gewiss haben die Filme unserer Heimat überall in der Welt Aufsehen und Verwunderung erregt; das sollte uns aber nicht zum Übermut verleiten und zu voreiliger Kritik an den Gewohnheiten der ausländischen Filmschaffenden, denen eines Tages auch wieder der Anschluss an die deutsche Produktion gelingen wird. In der erwähnten kosmetischen Frage können wir sogar von unseren amerikanischen Kollegen noch etwas lernen. Erst die gleichmäßige Aufmachung lässt doch die persönlichen Reize der Filmkünstler so recht zur Geltung kommen. Zum Beweise lege ich vier Bilder bei, die ich umgehend zurückerbitte. Von links nach rechts: Jayne Mansfield, Rita Hayworth, Curd Jürgens und Ingrid Bergman.

Mit dem Ausdruck vorzüglichster Hochachtung

Im erwähnten Artikel wurde Hollywood vorgeworfen, der Schauspielerin Maria Schell für ihre erste amerikanische Filmrolle in *Die Brüder Karamasow* Frisur, Make-up und Nase ihrer US-Kollegin Kim Novak verpasst zu haben. (*Quick*, Nr. 49, 7. Dezember 1957)

Sehr geehrte QUICK,

mit Beruhigung erfuhr ich kürzlich, dass sicherheitshalber ständig
Flugzeuge über uns kreisen, deren Besatzungen große Fertigkeit
im Abwurf von Atombomben besitzen und diese beliebten Vernich-
tungsmittel auch in ausreichender Anzahl an Bord bereithalten.
Druck auf den Knopf genügt, und alle fallen runter. Über den
Zeitpunkt werden wir natürlich nicht informiert, aber das macht
ja nichts, weil wir gerade in der Adventszeit für den prickelnden
Reiz des Überraschungsmoments besonders empfänglich sind.
Unter dem Eindruck dieser Nachricht möchte ich in der Auswahl
zeitnaher Weihnachtsgeschenke anderen modernen Vätern nicht
nachstehen. Ich will meinem Töchterchen eine ganz, ganz winzige
Atombombe schenken. Nur so für Kinder, mit familiär begrenzter
Wirkung. Der kleine Schatz wird unser Haus in Trümmer legen
und jauchzend in die Hände klatschen! Wo kriege ich so was?
Ich sehe immer nur Puppen, die die Augen zumachen.

In festlicher Vorfreude
hochachtungsvoll

Loriot bezieht sich hier auf den *Quick*-Sonderbericht *Unser Schicksal hängt an einem Knopf*
in Ausgabe 50 vom 14. Dezember 1957. Darin wurde die Angst geschürt, dass selbst die mit
Atombomben bewaffneten US-Geschwader im europäischen Luftraum bei einem sowjetischen
Atomangriff nicht rechtzeitig Vergeltung üben könnten.

Siehe Leserbriefe von Inge Lohmann, Emil Baeck und Dr. Franz Baltusin, S. 236 ff.

Sehr geehrte QUICK,

seit vier Monaten fehlt in meinem Wohnzimmer eine der acht
Scheiben, in die das Fenster unterteilt ist. Der Glaser, den ich
diesbezüglich sofort um Rat und Hilfe bat, teilte mir fernmündlich
mit, diese Kleinigkeit lohne nicht den Weg. In den warmen Spät-
sommertagen hatte ich volles Verständnis für seinen Standpunkt,
aber ich musste inzwischen feststellen, dass sich bei Tempera-
turen unter null Grad eine gepflegte Gemütlichkeit nur zögerlich
entwickelt. Das einst in meinem Hause blühende gesellschaft-
liche Leben ist zum Erliegen gekommen. Mit den letzten engen
Freunden verständige ich mich schreiend, wenn der hereinheulende
Wintersturm Schneeflocken und liebevoll angebotenes Käse-
gebäck vor sich her wirbelt. Ich werde morgen nun alle Scheiben
zertrümmern, um dem Glaser den Weg verlockender zu machen.
Hoffentlich geht nicht eines Tages ein Dachziegel kaputt.

Hochachtungsvoll

Siehe Leserbrief von Harry Lille, S. 239.

Sehr geehrte QUICK!

In den USA propagiert man jetzt eine Diätvorschrift, die von den Russen schon längst gewissenhaft eingehalten wird. Dieses Rezept lautet: Kanonen statt Butter. Uns Deutsche erfüllt es zwar mit Stolz, dass die mächtigsten Nationen der Erde nun Anhänger einer Ernährung geworden sind, die w i r erfunden haben. Wahrscheinlich beneidete man uns um die Erfolge, die wir damit erzielten. Ehrlichkeitshalber muss hier jedoch eine Mitteilung eingeflochten werden, die unseren Freunden in Ost und West vielleicht ganz neu ist, weil wir ungern über diese intimen Dinge sprechen: Wir haben uns nämlich damals scheußlich den Magen verkorkst, als wir unsere trockenen Brötchen mit Kanonen belegten. Und noch heute gibt es Menschen, denen sie seither zum Halse heraushängen. Vorschlag zur Güte: Esst mehr Butter, und Ihr bleibt gesund!

Hochachtungsvoll

LORIOT

US-Präsident Dwight D. Eisenhower stellte in seiner *Rede zur Lage der Nation* am 9. Januar 1958 trotz Konjunkturrückgang und steigender Arbeitslosenzahlen einen Rekordetat von 74 Milliarden Dollar vor, wovon zwei Drittel auf die Landesverteidigung entfallen sollten, um den Rüstungsvorsprung der Sowjetunion aufzuholen.

Der Reichsminister für Volksaufklärung und Propaganda Joseph Goebbels erklärte in seiner Rede vom 17. Januar 1936 in Berlin: „Wir werden zur Not auch einmal ohne Butter fertigwerden, niemals aber ohne Kanonen."

VORHER   NACHHER

Liebe QUICK,

ein Blick in unsere tief umschatteten Augen verrät selbst dem
Fremden, dass zurzeit Prinz Karneval in Deutschland regiert.
Wir gehen nicht oder nur in ganz dringenden Fällen ins Bett,
tanzen bis an die Grenze der Kreislaufstörung, küssen jeden und
lachen mehrmals täglich. Wir haben jetzt alle geschlossen Humor.
Bis einschließlich Faschingsdienstag. Verzeih bitte, wenn ich mich
in dieser übermütigen Stimmung mit einer ernsten Sorge an Dich
wende. Die festgesetzte Faschingszeit enthält die zulässige und
völlig ausreichende Jahresdosis an Humor. Trotzdem befürchte ich,
dass ihn haltlose Elemente auch über den Aschermittwoch hinaus
behalten und damit grob gegen das allgemeine Ordnungsbedürfnis
verstoßen. Denen sollten wir das Handwerk legen! Wo kämen wir
hin, wenn wir achtlos an öffentlichen Bedürfnissen vorübergingen!

    Narr-heil!
    Immer Dein

    LORIOT

Sehr geehrte QUICK,

infolge eines überraschenden Schneefalls benötigte ich kürzlich
einen Schlitten und betrat ein elegantes Geschäft, in dessen
Auslage sich ein solcher befand. Zu meiner Überraschung erfuhr
ich, dass dieser unverkäuflich sei, da er nur zur Dekoration diene,
um Kundschaft für feine Damenwäsche anzulocken. Ähnliche
zeitraubende Erfahrungen machte ich in sechs weiteren Läden,
die ihre Schaufenster mit Wintersportgeräten dekoriert hatten.
Diese Unternehmen entpuppten sich als Parfümerie, Herrenausstatter, Delikatessenhandlung, Elektrogeschäft, Reisebüro und
Bausparkasse. Aber ich habe d o c h einen Schlitten bekommen.
In einem Sportfachgeschäft, dessen derzeitige Dekoration ausschließlich aus Pappnasen, Papierschlangen und Sektgläsern
besteht.
Können Sie mir sagen, woran man Geschäfte erkennt,
die Faschingsartikel führen?

Mit freundlichen Grüßen
Ihr

LORIOT

13 Quick 8, S. 3
22. Februar 1958

Sehr geehrte QUICK,

kürzlich weigerte sich ein Abgeordneter, an einer Diskussion im
Bundestag weiter teilzunehmen, da ihm das Niveau dort zu
niedrig sei. Wenige Tage später schaltete er sich dann solistisch
in das Rundfunkprogramm ein, um das Streitgespräch auf „höherer
Ebene" weiterzuführen. Andere Parlamentarier glaubten daraufhin,
auf ihre demokratischen Rechte pochen zu müssen, und verlangten
ebenfalls Rundfunk-Plauderstündchen. Aber wer dachte dabei
an die Hörer, die doch aufgrund regelmäßig entrichteter Gebühren
ein Anrecht auf anspruchsvolle Programmgestaltung haben!
Ich lege daher den Herren Rundfunkintendanten nahe, lieber
bei den erprobten Stücken leichter Unterhaltung zu bleiben.
Keine Experimente! Dann schon lieber *Heinzelmännchens
Wachtparade*!

> Mit vorzüglicher Hochachtung!
> Ihr

Gemeint ist Konrad Adenauer, erster Kanzler der Bundesrepublik Deutschland (1949–1963),
der am 23. Januar 1958 eine Generalabrechnung mit seiner Sicherheits- und Deutschland-
politik durch den FDP-Politiker Thomas Dehler und den Sozialdemokraten Gustav Heinemann
mit Schweigen quittierte, was er später im Radio damit begründete, dass „… das Niveau der
Debatte durch die Schuld der beiden früheren Bundesminister, die Abgeordneten Dehler und
Heinemann, so tief abgesunken sei, dass eine ernsthafte Debatte nicht mehr
möglich schien". (Zit. nach *Der Spiegel*, Nr. 6, 5. Februar 1958)

Heinzelmännchens Wachtparade ist ein populäres Charakterstück des deutschen Komponisten
Kurt Noack, das in der Musikkritik wenig Anerkennung erfahren hat.

Sehr geehrte QUICK,

entschuldigen Sie, wenn ich Ihnen heute meine privaten Verkehrs-
probleme aufdränge, aber es muss mal raus. Also, weil ich es
kürzlich von Hamburg nach München sehr eilig hatte, bestieg ich
ein mehrmotoriges Flugzeug, das mir zunächst Vertrauen und
dann anhaltendes Unwohlsein einflößte. Darüber hinaus war die
Maschine offensichtlich bemüht, bei jeder Kleinstadt zu landen,
was ihr allerdings wegen widriger Winde in jedem Falle misslang.
Nach neun Stunden verhalf uns das Fehlen notwendigen Brenn-
stoffs zu einer hastigen Landung in Stuttgart, aber schon am nächsten
Tag ging's weiter nach München. Diese Erfahrungen bewogen mich
in der vergangenen Woche, für die Strecke München–Hamburg
die Bundesbahn zu wählen. Leider hatte es kurz zuvor ein wenig
geschneit, sodass alles Personal beim Schneefegen war. Anders
kann ich mir jedenfalls die um 5 ½ Stunden verspätete Abfahrt
nicht erklären. (Fegen Sie mal 800 km Geleise in 5 ½ Stunden!)
Ich verzichtete deshalb auf den Zug und nahm meinen Wagen.
Das hätte ich nicht tun sollen, denn nun habe ich einen Band-
scheibenschaden von der Fahrerei. Der Arzt sagt, ich soll zu
Fuß gehen. Na, das sollte die Bundesbahn hören!

Hochachtungsvoll!

LORIOT

Sehr geehrte QUICK!

Es wird Sie nicht interessieren, aber auch mich hat nun das Phänomen Toni Sailer gepackt. Filmschauspieler ist er, singen kann er und Ski laufen obendrein auch noch. Aber gerade seine so vielseitigen Erfolge lassen die Befürchtung in mir aufkeimen, man habe womöglich noch die eine oder andere von Tonis Fähigkeiten außer Acht gelassen, die nun ungenutzt brachliegt. Vielleicht kann er ja auch auf einem Drahtseil ohne Netz mit acht Bällen jonglieren oder mit einem Floß den Atlantik überqueren und dabei Harmonium spielen. Macht ja nichts, dann bringt der Einfallsreichtum deutscher Filmproduzenten Maria Schell auf die Piste und veranlasst sie zum Start im Riesenslalom.

Bergab kann's ja nicht schnell genug gehen.

Ski-Heil!

LORIOT

Der mehrfache Olympiasieger und auch als Schlagersänger erfolgreiche österreichische Skirennläufer hatte im Februar 1958 bei der WM in Bad Gastein dreimal Gold und einmal Silber gewonnen. Einen Monat vorher war sein Filmdebüt *Ein Stück vom Himmel* in den Kinos angelaufen.

Siehe Leserbrief von H. Navarra, S. 240.

Sehr geehrte QUICK,

wenn ich im Wagen irgendwohin fahre, nehme ich immer einige
von den Damen oder Herren mit, die am Rande jeder Straße durch
entsprechende Gebärden ihre Reisewünsche äußern. Neulich stieg
mir während eines Platzregens ein Herr ohne Mantel zu, der mich
umgehend ersuchte, die Heizung auf- und das Fenster hochzudrehen,
um ohne Gefahr für seine Gesundheit die Kleidung zu trocknen.
In der entstehenden Treibhausatmosphäre forderte er mich bei
etwa 100 Stundenkilometern auf, eingehend das Bild seiner Bekannten
zu betrachten. Er war bis Ulm mein Gast und wurde von einer Dame
abgelöst, die mich zunächst mit Schilderungen haarsträubender
Verkehrsunfälle unterhielt und mir dann einige Traubenzucker-
täfelchen in den Mund schob, von denen sie das Zellophan nur
unvollkommen entfernte. In Stuttgart verriet sie mir Einzelheiten
ihrer finanziellen Situation und ließ durchblicken, dass ihr eine
kleine Unterstützung nicht unwillkommen sei. Ich versah sie mit
dem Nötigsten, bevor wir uns trennten. Ich erwäge nunmehr ernsthaft den Ankauf eines mittleren Tourenbusses, denn in denselben
ist bekanntlich das Sprechen mit dem Fahrer verboten.

Mit vorzüglicher Hochachtung!
Ihr

Sehr geehrte QUICK!

Dieser Tage trug ich meinen Sparstrumpf auf die Bank, weil ich ihn dort gut aufgehoben glaubte. Aber wer beschreibt mein Erstaunen, als man daraufhin mit umfangreichen Ausschachtungsarbeiten für einen fünfstöckigen Erweiterungsbau des erwähnten Geldinstitutes begann. Weniger aus Trauer über die offensichtliche Verschleuderung meiner Ersparnisse, sondern vielmehr aus Ärger, weil man mich deswegen nicht vorher gefragt hatte, holte ich zum Gegenschlag aus und verlangte mein Geld zurück. Man hat es mir tatsächlich ausbezahlt! Ich nahm also neben den Gerüsten Platz, um das Einstellen der Bauarbeiten zu beobachten. Aber nichts dergleichen geschah. Sie bauen immer noch. Ist das das Wirtschaftswunder?

Hochachtungsvoll

LORIOT

Der Neubau des Münchner Bankhauses Merck, Fink & Co fand auf dem Grundstück Pacellistraße 3 statt, bezog die angrenzenden Häuser Pacellistraße 4, Maximiliansplatz 22 und 23 mit ein und dauerte bis zum 22. Dezember 1958.

Sehr geehrte QUICK,

ein merkwürdiger Vorfall zwingt mich erneut, Ihnen zu schreiben. Als ich gestern Abend an der Kasse eines unserer führenden Lichtspielhäuser die Eintrittskarte löste, trat ein adrett gekleidetes Fräulein auf mich zu und überreichte mir aus größerem Vorrat eine appetitlich verpackte Kleinigkeit, wobei sie mir viel Vergnügen wünschte. Ich bin in Bezug auf Naschwerk haltlos und begann daher sofort mit dem Verzehr dieser kostenlosen Aufmerksamkeit, nachdem ich es mir auf meinem Platz bequem gemacht hatte. Es war weniger der aparte Geschmack als eine kräftige Schaumbildung, die mich stutzig werden ließ. Während der *Wochenschau* begannen sich auch die Umsitzenden für meinen Zustand zu interessieren, da ich mittlerweile schäumte wie ein Rennpferd. Man brachte das wohl irrtümlich mit den politischen Vorgängen auf der Leinwand in Zusammenhang und riet mir, nicht länger hinzusehen. Jedoch war es mir nicht möglich, etwas darauf zu erwidern. Also erhob ich mich wortlos und drängte schäumend dem Ausgang zu, als hilfloses Opfer durchdachter Waschmittelwerbung.

Hochachtungsvoll!

Die *Wochenschau* war eine Zusammenstellung von Filmberichten über aktuelle Ereignisse und wurde in den Kinos der BRD im Vorprogramm zum Hauptfilm bis 1977 gezeigt.

Sehr geehrte QUICK,

am Rathaus der zweitgrößten Stadt der Bundesrepublik hängt ein
Schild mit der Aufschrift „Schutt abladen verboten". Man hat ja
mit der Zeit gelernt, sich vieles zu versagen. Man wagt schon kaum
noch zu betteln, geschweige denn, zu hausieren, auf den Boden zu
spucken, mit dem Führer zu sprechen, Nahrungsmittel zu betasten,
unbefugt etwas zu betreten oder gar in Treppenhäusern zu musizieren. Aber dieser neue Eingriff in die Lebensgewohnheiten des
Großstädters geht denn doch wohl zu weit! Was dachte sich wohl
die Obrigkeit dabei, als die den unglücklichen Bürgern verwehrte,
ihren Schutt vertrauensvoll am Rathaus abzuladen? Stimmt
es nicht bedenklich, dass man gerade an dieser Stelle vor dem
städtischen Unrat die Ohren schließt? Das sollten die sich mal
vor Augen halten!

Hochachtungsvoll

1958 war München die zweitgrößte Stadt der BRD.

Führer nannte man den Straßenbahnfahrer. Schilder untersagten, ihn während der Fahrt
anzusprechen.

Sehr geehrte QUICK!

Als ich mir das letzte Mal eine Hose kaufte, fand ich sofort die richtige. Sie entsprach genau meinen Vorstellungen, nur war sie ein wenig zu kurz. Der erstklassige Verkäufer erbot sich sofort, sie kostenlos zu verlängern, riet mir aber dringend davon ab. „Alle Hosen fallen nämlich etwas beim Tragen" – sagte er. Ich trage die Hose jetzt ein Jahr. Sie ist so kurz geblieben, wie sie war. Heute kaufte ich mir eine neue Hose und fand auch wieder gleich die richtige. Leider war sie diesmal zwei Fingerbreit zu lang. Der erstklassige Verkäufer erklärte sich bereit, die Hose umgehend kostenlos zu verkürzen, riet mir jedoch dringend davon ab. „Alle Hosen heben sich beim Tragen durch die Sitzfalte im Knie" – sagte er. Ich erwarb sie und sitze mir zurzeit in einem Restaurant dauerhafte Sitzfalten ein, damit mir die Hose nicht bei jedem Schritt unter die Absätze kommt. Das wäre schade. Sie ist nämlich aus teuerstem Stoff und macht überhaupt keine Falten. Nicht mal beim Sitzen, sagte der Verkäufer.

Hochachtungsvoll

LORIOT

Sehr geehrte QUICK!

Ich esse gern Süßigkeiten und sehe mich daher hin und wieder
gezwungen, einen Zahnarzt aufzusuchen. Nur wenigen Menschen
ist es noch zu Lebzeiten beschieden, einen zu finden, der nicht weh-
tut, nach neuestem Stande zahntechnischer Erkenntnis eingerichtet
und zu bezahlen ist. Ich habe einen gefunden, und da bin ich heute
gewesen. Er hat ganze Arbeit geleistet. „Vielen Dank", sagte ich
beim Weggehen, „Sie haben sich hier wirklich eine vorbildliche
Praxis aufgebaut." – „Ja, die Leute kommen immer wieder", sagte
er und bot mir zum Abschied eine Konfektschachtel an. Ich langte
kräftig zu, denn ich esse gern Süßigkeiten und bin daher hin und
wieder gezwungen, einen Zahnarzt aufzusuchen.

Hochachtungsvoll

Sehr geehrte QUICK,

die lautere Flamme der Empörung drückt mir die Feder in die Hand.
Am 1. Juli trat ein Gesetz in Kraft, das uns um das Letzte bringt, auf
das wir noch stolz sein durften: um die Früchte unserer gequälten und
gepeinigten Hände Arbeit. Ab 1. Juli fließt die Hälfte von all dem, was
der Gatte während der Ehe erwirbt, automatisch dem Ehepartner in
die Handtasche. Nicht nur, dass wir die unglücklichen Geschöpfe aus
jungfräulicher Isolierung befreiten, dass wir sie kleideten, ernährten,
ihnen ermöglichten, kostenlos zu übernachten und in gesicherter
Position voll zu erblühen – nein, in unserer einfältigen Güte schmückten
wir sie auch noch mit Kostbarkeiten und zeigten uns mit ihnen in der
Öffentlichkeit! Als Gegenleistung erwarteten wir ein wenig Frohsinn,
saubere Hemden, warme Speisen und ein gepflegtes Heim. Dieses
gemütvolle Miteinander ist nun vorbei. Es hat der Obrigkeit gefallen,
den Geschäftsverkehr in die Ehe zu tragen. Keine Leistung mehr
ohne Bezahlung. Am besten in bar und sofort, sonst summiert es sich
nämlich, und wir stehen dem totalen wirtschaftlichen Ruin gegenüber, wenn uns das treusorgende Hausmütterchen eines Tages die
Rechnung über zehn Jahre Abwaschen (und anderes mehr) präsentiert.
Mag sein, wie es will, die Atmosphäre ist vergiftet und der Wurm drin.
Kein großer, aber gewiss ein Wuermeling.

Hochachtungsvoll!

LORIOT

Gemeint ist das Gleichberechtigungsgesetz vom 18. Juni 1958, welches das Letztentscheidungs-
recht des Ehemannes in allen Eheangelegenheiten ersatzlos strich, das Recht des Ehemannes,
ein Dienstverhältnis seiner Gattin zu kündigen, aufhob und die Zugewinngemeinschaft zum
gesetzlichen Güterstand erklärte.

Der CDU-Politiker Franz Josef Wuermeling war bundesdeutscher Familienminister
von 1953 bis 1962.

Siehe Leserbriefe von Eliza und K. Ernst, S. 241f.

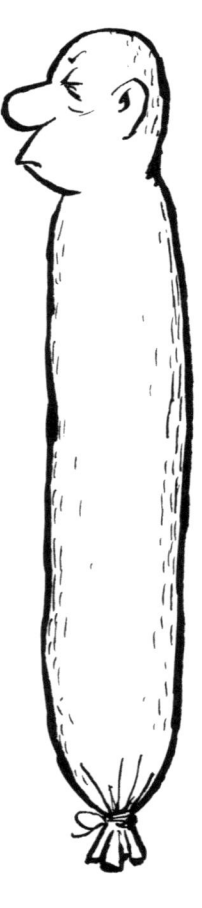

Sehr geehrte QUICK!

Eines der missglücktesten Zuchtergebnisse im Bereich der menschlichen Entwicklung ist zweifellos der Tourist. Quälendes Fernweh,
gepaart mit der Abneigung gegen die Witterung seiner Heimat,
zwingen ihn zu beschwerlichen Reisen an das Ziel seiner Sehnsucht. Dort überfüllt er Straßen, Plätze und Museen in kurzen
Hosen, singt laut und verärgert die Eingeborenen. Für die Stadt-
väter der betroffenen Gebiete ergab sich das Problem, Gegenmaß-
nahmen zu treffen. Aber weder die systematische finanzielle
Ausbeutung noch das Veranstalten von Festspielen oder politischen
Unruhen konnte das Eindringen urlaubstrunkener Touristen
aufhalten. Nur die Stadt München hatte den rettenden Einfall:
nicht Touristenbekämpfung, Touristenverwertung heißt hier
die Parole! In allen gutgeführten Metzgereien der Innenstadt
erhält man „Touristenwurst" zu mäßigen Preisen.

Hochachtungsvoll

LORIOT

PS: Hoffentlich erreicht Sie mein Brief rechtzeitig. Ich bin nämlich
gerade auf einer Tour durch Italien.

Touristenwurst wird aus wenig Speck und viel Kuhfleisch hergestellt, in halbrunde Kranzdärme
gefüllt und nach kurzer Reifung geräuchert.

Sehr geehrte QUICK!

Wer da glaubt, als Großstädter komme man in den Genuss einer
vollendeten Zivilisation, der irrt sich. Einem alten Versprechen
nachkommend, spazierte ich dieser Tage mit meiner Tochter
auf Münchens eleganten Boulevards, als jene einen dringenden
Wunsch äußerte. Meine Tochter ist vier. Die Sache duldete keinen
Aufschub. Ich strebte also dem nächsten Restaurant zu, durcheilte
grundlos die mittäglich gefüllten Räume und bat am Ziel eine
beruflich dort tätige Dame, sich meiner Tochter anzunehmen.
Diese (gemeint ist meine Tochter) warf sich mir jedoch weinend
in die Arme, zwang mich, sie zu begleiten, und stürzte mich damit
in einen schweren Gewissenskonflikt. Ich neige aus Gewohnheit
mehr zu der Tür mit der Aufschrift „H", während die eigentliche
Bedürftige ihrer Natur nach in die andere Richtung gehört. Sollte
man nicht in öffentlichen Lokalen eine dritte Tür einführen?

Hochachtungsvoll

LORIOT

Sehr geehrte QUICK!

Längst hätten Sie Ihre Spalten einem Problem öffnen müssen,
das nach der Atomgefahr zu den brennendsten unserer Zeit gehört.
Es ist die Hausangestellte. Dem Inseratenteil einer führenden Tageszeitung entnahm ich kürzlich, dass man diesen kostbaren Kräften
nicht nur Rundfunkgeräte, Fernsehapparate und Theaterkarten
aufdrängt. Man zwingt sie auch noch, im Kreise der Familie
mitzuessen, an Italienreisen teilzunehmen und mehrmals täglich
heiß zu duschen. Von begüterten Familien wird noch auf Jagd-
möglichkeiten hingewiesen und auf die Annehmlichkeit, häufig
auszureiten. Wer wundert sich da, dass selbst passionierte Hausangestellte diesem Berufszweig den Rücken kehren? Der grauende
Morgen sieht das unglückliche Mädchen schon längst auf der
Pirsch. Kaum hat sie nach einem heißen Duschbad Zeit, am
Mittagstisch Platz zu nehmen, schon wirft sie sich in den Sattel,
um hoch zu Ross durch Feld und Wald zu streifen. Nach scharfem
Ritt kommt sie gerade noch zum Beginn des Fernsehprogramms
zurecht, duscht anschließend erneut und bereitet sich zum Besuch
des Theaters vor. Erst nach Mitternacht findet sie erschöpft ins
Daunenbett. Zwar hat die Hausfrau inzwischen gekocht, abgewaschen
und die Wohnung gründlich sauber gemacht, aber wer denkt an die
Hausangestellte, der keine Befriedigung im Beruf zuteilwird und
die sich nachts vergrämt in den Schlaf weint?

Hochachtungsvoll

LORIOT

Der Mangel an Hausangestellten war ab Mitte der 50er Jahre in der BRD so groß, dass in
Anzeigen mit Vergünstigungen geworben wurde, wie „regelmäßiger freier Ferienaufenthalt",
„binnen einem Jahr eine Einzimmerwohnung mit Küche und Bad", „ein Kleinwagen" oder
„in zwei Jahren eine komplette Aussteuer". (Vgl. *Der Spiegel*, Nr. 44, 30. Oktober 1963)

Siehe Leserbrief von M. S., S. 243.

Sehr geehrte QUICK,

das Zeitalter des Automobils hat etwas geboren, was als richtungweisend für unser Jahrhundert angesehen werden kann: die
Einbahnstraße. Ich geriet kürzlich in ein ganzes System dieser
Wege, das selbst abgestumpften Verkehrsteilnehmern Erstaunen
abnötigen muss. Nachdem ein ungnädiger Zufall mich in die erste
Einbahnstraße gefädelt hatte, zwangen eine Anzahl weißer Pfeile
zur Weiterfahrt in Gegenden der Innenstadt, die ich zwar als
sehenswert empfand, in denen ich mich aber aus Zeitmangel
nicht im Geringsten aufzuhalten wünschte. Ferner stimmte es
mich nachdenklich, während etwa zwanzig Minuten Fahrt den
Hauptbahnhof viermal in derselben Richtung passiert zu haben,
ohne dass es erlaubt gewesen wäre, abzubiegen, umzukehren oder
anzuhalten. Nach anderthalb Stunden Stadtrundfahrt kam mir eine
technische Unzulänglichkeit zu Hilfe: Der Tank war leer. Da wurde
ich wieder Herr über mein Automobil. Ich durfte es schieben, wohin
ich wollte. Glück muss man haben!

Hochachtungsvoll

Sehr geehrte QUICK!

Weil ich einen Garten habe, bin ich an sonnigen Tagen gezwungen,
im Freien zu essen und dabei auf einem Stuhl zu sitzen, dessen Beine
sich schräg in die Wiese bohren. Mit dem Servieren der Speisen
erhebt sich meist ein leichter Wind, der einem den Salat um die
Ohren wirbelt und keck mit den Tischtuchzipfeln spielt, bis sie am
Hackbraten kleben bleiben. Dem Kartoffelmus wird vom Luftzug
so viel Wärme entzogen, dass es als Erfrischung dienen kann, zumal
die bereitgestellte Orangeade durch ihren Gehalt an tragisch ums
Leben gekommenen Mücken nicht mehr zum Genuss reizt. Den
Höhepunkt bilden schließlich die Wespen, von denen nach meinen
Erfahrungen zwei bis drei genügen, um aus einem Phlegmatiker
ein Nervenbündel zu machen. Und da gibt es immer noch Stadt-
menschen, die sich als Gartenlose vom Leben misshandelt fühlen!
Dabei sind sie Lieblinge des Schicksals, denn sie können in
Ruhe essen.

Hochachtungsvoll

LORIOT

Sehr geehrte QUICK,

wiederum schreibe ich heute im Namen meines Geschlechts,
des männlichen nämlich. Und zwar in Bezug auf den Besuch
von Lichtspielhäusern. Ich gehe gern ins Kino und habe dabei
immer wieder feststellen müssen, dass benachbart sitzende
Damen noch unbewegt in die sauren Drops griffen, während es
mir vor Rührung bereits die Kehle zuschnürte. Zunächst dachte
ich, ich sei ein bedauerlicher Einzelfall, und war bemüht, diesen
beschämenden Vorgang geheim zu halten. Seit ich aber meine
Beobachtungen reihenweise anstelle, weiß ich, dass den meisten
meiner Geschlechtsgenossen das blanke Wasser in die Augen tritt,
wenn Liebende sich finden oder Raubmörder alten Damen über
die Straße helfen. Eigentlich könnten wir uns nun entschließen,
während der Vorstellung die lästige Beherrschung fallen zu lassen,
um im Bewusstsein der gemeinsamen männlichen Ergriffenheit
in erlösendes Schluchzen auszubrechen. Aber leider ist da noch
eine Schwierigkeit. Wir Männer zeigen uns nur ungern tränen-
überströmt auf der Straße. Unsere Forderung lautet daher:
Schafft Aufenthaltsräume, in denen wir uns nach der Vorstellung
beruhigen können, denn wir sind das starke Geschlecht und
wollen als solches respektiert werden!

Hochachtungsvoll

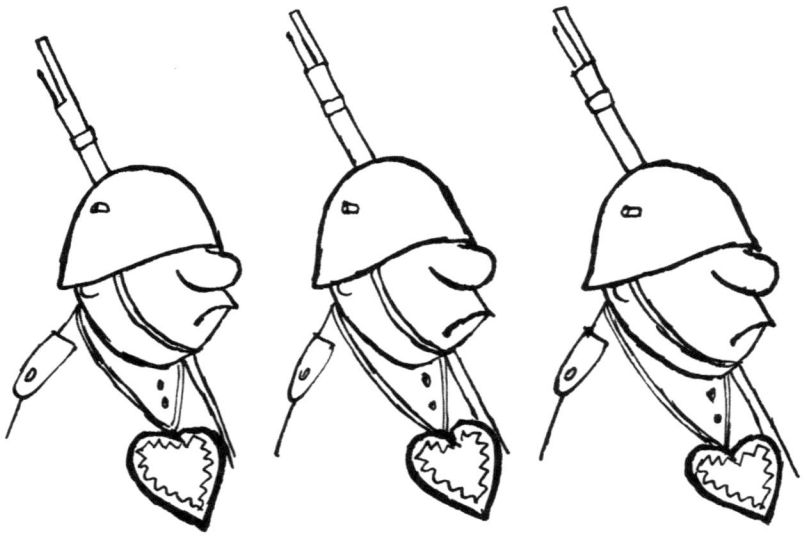

Sehr geehrte QUICK!

Wie ich der Tagespresse entnehme, lädt ein westdeutsches
Reisebüro zum Oktoberfest nach Moskau ein. Letzteres ist kaum
zu vergleichen mit der bekannten Münchner Veranstaltung und
daher offensichtlich um regen Besuch besorgt. Wer sieht sich
auch schon gern einen Trachtenzug an, bei dem immer nur das
gleiche Kostüm in schlichtem Erdbraun zur Darbietung gelangt?
Weil die Moskauer Festleitung scharfsinnig kombinierte, dass
der Jahrestag der proletarischen Oktober-Revolution für uns
verweichlichte Wunderkinder noch kein Grund zu ausgelassener
Fröhlichkeit ist und die friedliebenden Militärdemonstrationen
des fortschrittlichen Arbeiterstaates uns allenfalls im herbst-
lichen Mondschein begegnen mögen, darum hat man sich eine
schier unwiderstehliche Lockung ausgedacht: Ein Tribünenplatz
ganz in der Nähe von Nikita Chruschtschow ist im Pauschalpreis
von 500,– mit inbegriffen! Schon recht, aber die Braurösl ist mir
lieber. Und darum bleibe ich in München, nehme ein Brathendl
in meine westdeutschen Kriegstreiberhände, bestelle eine Maß
Bier und lösche meinen reaktionären Kapitalistendurst.

Hochachtungsvoll

LORIOT

PS: Nikita ist herzlich eingeladen, ganz in meiner Nähe zu sitzen.

.

Vgl. *Zur roten Parade nach Moskau*, in: *Die Zeit*, Nr. 41, 9. Oktober 1958: „Es ist nun also jedem
Bundesrepublikaner möglich – ein Reisebüro in Hannover verspricht es –, auf dem Moskauer
Roten Platz an den Paraden zu Ehren der Oktober-Revolution teilzunehmen. Eine Gesell-
schaftsreise mit dem Blauen Express nach Moskau vom 3. bis 12. (von Berlin bis Berlin für 595
Mark in der teuersten Kategorie) schließt ausdrücklich den Tribünenplatz bei der Parade ein…"

Nikita Chruschtschow war sowjetischer Staatsführer als Parteichef der KPdSU von 1953 bis 1964.

Die Braurösl ist ein traditionsreiches Festzelt auf dem Münchner Oktoberfest.

Sehr geehrte QUICK!

Wir leben in einer großen Zeit. Täglich erreichen uns Nachrichten über die neuesten, größten, schnellsten und besten Errungenschaften, die es in dieser Preislage und ähnlichem Ausmaß noch niemals gegeben hat. Zurzeit steht Deutschland im Blickpunkt der Öffentlichkeit. Wir haben Elvis, die teuerste Nervensäge der Welt, bei uns zu Gast! Doch wir wollen nicht übermütig werden, denn nicht pure Sympathie trieb Elvis Presley in unsere verzückt geöffneten Arme. Nein, der Militärdienst zwang den Schirmherrn jugendlicher Massenekstasen, einer hier stationierten Panzerkanone in die Röhre zu gucken. Was jedoch mag Amerikas Chefstrategen bewogen haben, das unersetzliche Goldkind in die westliche Verteidigung einzureihen? Wir wissen es: Elvis ist die stärkste Waffe der USA. Nach einem Liede von Elvis wälzt sich der Hörer mit geöffneten Kleidern schreiend am Boden oder flieht mit allen Anzeichen panischen Entsetzens. Das ist das Ende der russischen Armee. (Wie unmenschlich wird doch der Kampf auf beiden Seiten!)

Hochachtungsvoll

LORIOT

Der US-amerikanische Sänger Elvis Presley versah seinen Militärdienst vom 1. Oktober 1958 bis zum 2. März 1960 in der 3. US-Panzerdivision im hessischen Friedberg.

Sehr geehrte QUICK,

ich greife heute zur Feder, um einen Umstand zu beleuchten, dessen bedauerliche Folgen bisher nur ganz selten an die Öffentlichkeit drangen. Es ist die Blumenfrau im Nachtlokal. Nicht, dass ich etwas gegen Blumenfrauen oder Nachtlokale hätte, aber durch die erwähnte Zusammenstellung wird der empfindsame Herr von heute in Situationen verstrickt, die seiner zarten Beziehung zum anderen Geschlecht schaden müssen. Kaum sieht er der Dame tief in die Augen, schon fordert man ihn mit knappen Worten auf, langstielige Nelken für dieselbe zu erwerben. Entweder er lehnt ab, dann ist er ein Rüpel. Oder er fragt nach dem Preis, dann ist er auch ein Rüpel. Oder er kauft bedenkenlos. Dann vereitelt das leidige Bukett, in eine Vase gepresst, den Ausblick auf die Geliebte, verursacht beim Verlassen des Lokals einen nassen Fleck auf dem Sonntags-Ulster und gerät im Taxi unter das bereits irritierte Pärchen. Sollte dennoch ein Rest Stimmung übrig geblieben sein, welkt er beim Auswickeln des kostbaren Arrangements. Ich bitte alle Blumenfrauen um Verständnis für diese unverblümte Kritik.

Hochachtungsvoll

LORIOT

Sehr geehrte QUICK!

Ich möchte heute mit Genugtuung feststellen, dass unsere Bundesrepublik für viele einen neuen Reiz bekommen hat: den Juckreiz
nämlich. Er ist nur ganz oberflächlich und hat, wie viele Ereignisse
hierzulande, keinerlei nachhaltige Wirkung. Von berufenen
Medizinern wurde uns mitgeteilt, die Ursache der akuten westdeutschen Reizentfaltung sei völlig unerklärlich und man habe
sich auf die Bezeichnung „Ringelröteln" geeinigt. Das klingt wie
ein Kinderspiel. Doch vieles spricht für die Annahme, dass man
höheren Ortes schamhaft vermeidet, der Wahrheit voll ins Auge
zu sehen. Dann bliebe nämlich nichts Geheimnisvolles: Uns juckt
ganz einfach schon wieder das Fell, und wir haben keine Ruhe,
bis es uns wieder über die Ohren gezogen wird.

Hochachtungsvoll!

LORIOT

Loriot bildet mit dem Ausdruck „Ringelröteln" ein mahnendes Wortspiel aus der Krankheit
gleichen Namens, dem bei Kindern beliebten Kreistanz „Ringelreihen" und der Bezeichnung
der Sowjets als „Rote". Am 25. März 1958 hatte die Mehrheit des Bundestags für die Stationierung von Atomraketen in der BRD gestimmt. Spätestens mit Chruschtschows Rede am
10. November 1958 im Moskauer Sportpalast erreichte der Kalte Krieg deutschen Boden.
Der Kreml-Chef drohte damit, sowohl den Viermächtestatus einseitig aufzukündigen
als auch die Transitverkehrsrechte nach Berlin auf die DDR zu übertragen. (Vgl. *Der Spiegel*,
Nr. 49, 3. Dezember 1958)

Sehr geehrte QUICK!

Weihnachten steht vor der Tür. So fröhlich diese Nachricht auch klingt, in Gänsekreisen verbreitet sie sich als Schreckensruf von Schnabel zu Schnabel. Man ist dort aus naheliegenden Gründen nicht in der Lage, sich der allgemeinen Hochstimmung anzuschließen. Wer lässt sich schon gerne ausnehmen. Gänse möchten lange und in Ruhe leben. Diesen Wunsch haben wir mit ihnen gemeinsam. Ganz verschiedener Ansicht sind wir jedoch in den festtäglichen Ernährungsfragen. Gänse haben nämlich keine besonderen Ansprüche. Aber wir. Und das führt zu der bekannten Familienkatastrophe unter unseren gefiederten Freunden. Weihnachten ist das Fest der Liebe. Schade, dass sie bei vielen von uns auf der Zunge zergeht.

Hochachtungsvoll

Sehr geehrte QUICK,

um Haaresbreite sind wir einem heimtückischen Angriff auf
unsere Gesundheit entgangen. Durch Zollsenkung von Seiten der
europäischen Wirtschaftsgemeinschaft drohte die entscheidende
Verbilligung von Kaffee und Tee und damit eine Vergiftung des
deutschen Volkskörpers. In dieser Stunde höchster Gefahr hielt
jedoch Bonn schützend die Hand über das Wohl des kleinen
Mannes: Man erhöhte die Verbrauchssteuer, alles bleibt so teuer,
wie es war, und wir werden nicht zum hemmungslosen Genuss
schädlicher Getränke verführt. Lasst uns mit Tränen der Rührung
den wackeren Männern des Bundestages danken und sie bitten,
uns mit derselben Begeisterung auch gewisse andere gefährliche
Importe vom Leib zu halten.

Hochachtungsvoll

LORIOT

Vgl. *Enttäuschte Kaffeetrinker*, in: *Die Zeit*, Nr. 50, 11. Dezember 1958: „Die Kaffee- und Tee-
trinker haben Grund zum Missvergnügen. Entsprechend den Vorschriften des EWG-Vertrages
werden zwar am 1. Januar 1959 die Kaffee- und Teezölle gesenkt, aber die Verbraucher werden
davon nichts merken; denn die Zollsenkung soll durch eine entsprechende Erhöhung der
Kaffee- und Teesteuer ausgeglichen werden."

Mit „gewisse andere gefährliche Importe" ist die Stationierung von US-Atomraketen in der BRD
gemeint. Siehe auch S. 75.

Sehr geehrte QUICK!

Der Kauf eines neuen Hemdes vermittelt dem Herrn das angenehme Gefühl weltmännischer Gepflegtheit. Aus bisher ungeklärten Gründen treibt die Hemdindustrie jedoch ein niederträchtiges Doppelspiel, das offensichtlich auf die Unterminierung der männlichen Würde zielt. Wer glaubt – in eiliger Vorbereitung für eine abendliche Einladung –, das neue Wäschestück erlesener Qualität einfach überstreifen zu können, täuscht sich folgenschwer. Ein Stecknadelsystem von genialer Kompliziertheit verbindet das Hemd mit einer Pappe, die man unter keinen Umständen mit anzuziehen wünscht. Unter schmerzhafter Verstümmelung der Nägel an Daumen, Mittel- und Zeigefinger gelingt es, etwa neunundzwanzig Nadeln zu entfernen. In jedem Falle bleibt die letzte derselben so lange unauffindbar, bis sie sich dem Träger des Hemdes im Augenblick des Platznehmens an festlicher Tafel zentimetertief in eine verschwiegene Stelle bohrt. Eine Tragödie am Rande des Alltags. Als Sprecher meiner gequälten Geschlechtsgenossen frage ich: Wie lange noch soll unser Aufschrei ungehört verhallen?

Hochachtungsvoll

LORIOT

Am 20. Februar schrieb die Anzeigenleitung der *Quick* an Loriot: „Die Firma S. inseriert bei uns in beachtlichem Umfange, und von Seiten der Anzeigenleitung aus haben wir gegen den Vorschlag, Ihren Brief aus *Quick* Nr. 3 für die Werbung zu benützen, keine Bedenken. Darüber hinaus würden wir es begrüßen, wenn Sie in einem neuen offenen Brief an die *Quick* die Vorzüge des nadellosen Hemdes hervorheben könnten. In diesem Falle würden wir Sie aber bitten, die Firma selbst nicht zu erwähnen, weil sonst selbstverständlich Schwierigkeiten mit anderen Herrenwäschefabriken zu erwarten sind." Loriot ging nicht auf diesen Vorschlag ein.

Sehr geehrte QUICK!

In langjährigem, zähem Ringen wurde jetzt die kleinliche Handels-
beschränkung zwischen den Zonen neu geordnet und durch einen
Entschluss von ungewöhnlicher Kühnheit einem dringenden
gesamtdeutschen Bedürfnis abgeholfen: Ab sofort sind dem
interzonalen Austausch von Briefmarken und Zootieren keinerlei
hemmende Grenzen mehr gesetzt! Nun können wir freier atmen.
Zwar dürfen unsere Eltern, unsere Geschwister aus der Zone –
laut Pankower Vorschriften – uns immer noch nicht besuchen,
aber ein Nashorn ist ja auch schon ganz schön. Und dankbaren
Herzens wollen wir daran denken, wie viel nationale Befriedigung
uns allen das gemeinsame Sammeln von Briefmarken vermitteln
wird. Noch sind wir zwar ein wenig beschränkt, aber der Tag ist
nicht mehr fern, an dem man ein westliches Kamel von einem
östlichen kaum unterscheiden kann.

Hochachtungsvoll!

Am 20. November 1958 wurde eine ergänzende Vereinbarung zum sogenannten „Interzonen-
handel", dem Austausch von Waren und Dienstleistungen zwischen der DDR und der BRD,
unterzeichnet. Hierbei wurden Beschränkungen beim Handel von Kohle und Weizen aufgehoben,
Zootiere und Briefmarken waren nicht Gegenstand der Vereinbarung.

Der Berliner Stadtteil Pankow wurde im westdeutschen Sprachgebrauch mit „DDR-Führung"
gleichgesetzt, da dort der Präsident residierte.

Sehr geehrte QUICK!

In weiten Kreisen der Bevölkerung hat man sich an die Tatsache
gewöhnt, dass Hundebesitzer ihren Lieblingen im Laufe
eines längeren harmonischen Zusammenlebens stark zu ähneln
beginnen. Weniger bekannt, aber desto tragischer ist jedoch
das Schicksal fast aller Karikaturisten. Unsere aufopfernde
Arbeit für die Leserschaft wird grausam belohnt: Schon nach
wenigen Jahren im Dienste der Presse sind wir den Kindern
unserer zeichnerischen Phantasie wie aus dem Gesicht geschnitten.
Ich glaubte bisher, zu den wenigen Ausnahmen zu gehören. Seit
aber vertrauenswürdige Personen meines engsten Bekanntenkreises
mich taktvoll auf gewisse Veränderungen meiner Gesichtszüge
hinweisen, wurde mir mit schmerzhafter Deutlichkeit klar, dass
auch ich nun zu den Opfern unseres Berufes zähle. Wie hart schlägt
das Leben bisweilen zu! Wenn ich doch nur immer gezeichnet
hätte wie mein Kollege Manfred Schmidt! Ich wende mich heute
an Verlag und Redaktion der QUICK mit der dringenden Frage:
Darf ich meine Menschen künftig so zeichnen, wie ich gern
aussehen möchte, um mir jenen Rest an Lebensglück zu erhalten,
auf den ich Anspruch habe?

In tiefer Ratlosigkeit

LORIOT

Antwort der Redaktion: Nein.

Siehe auch *Der ganz offene Brief* von Manfred Schmidt, S. 247 und Nr. 115, S. 277.

Sehr geehrte QUICK!

Bis zum heutigen Tag ist es in Deutschland der Feinkostbranche nicht gelungen, die Olive einer breiteren Verbraucherschicht schmackhaft zu machen. Das erschien mir insofern unbegreiflich, als zumindest jeder zweite Deutsche alljährlich urlaubsreif unter Oliven wandert. Auf der Suche nach Gründen für dieses beunruhigende Phänomen erwarb ich kürzlich eines der Gläser, das etwa zwei Dutzend der erwähnten Früchte enthält. Ich erwartete Gäste und beabsichtigte, einen erlesenen Cocktail unter Verwendung von Oliven zu bereiten. Schon nach Öffnung des Patentdeckels befindet sich der flüssige Inhalt des Glases gleichmäßig auf dem Abendanzug verteilt, ohne dass sich eine Olive gelöst hätte. Um in den Genuss der Früchte zu kommen, bleiben nunmehr zwei Möglichkeiten. Entweder man zertrümmert das Glas. Diese Methode ist nur in Notfällen zu empfehlen, da sich auch intimste Freunde schwer an Glassplitter im Cocktail gewöhnen. Oder man treibt den Zeigefinger bis zur Handwurzel in die äußerst enge Öffnung. Durch wiederholtes ruckartiges Herausziehen desselben gibt das Glas meist insgesamt eine unversehrte Olive frei. Das ist jedoch, am Preis gemessen, zu knapp, und ich sehe unter diesen Umständen die Zukunft der hiesigen Olive weniger im Glas als im Eimer!

Hochachtungsvoll

LORIOT

Sehr geehrte QUICK!

Kürzlich betrat ich ein elegantes Herrenausstattungsgeschäft am Kurfürstendamm in Berlin und musste feststellen, dass die Bedienung ausschließlich aus Damen bestand. Nach einigem Zögern wandte ich mich an die mir am nächsten stehende und vertraute ihr mit gedämpfter Stimme meinen Wunsch an. Männer haben von Natur aus ein ausgeprägtes Schamgefühl. Es verletzte mich daher zutiefst, von dieser Dame mit den Worten „Der Herr bekommt eine lange Unterhose" an eine Gruppe anderer junger Damen weitergereicht zu werden, die mich daraufhin entkleidend betrachteten und mit gewinnendem Lächeln etwas von „Größe 36" sagten. Meine unter Erröten hervorgebrachte Versicherung, ich benötigte dieses Kleidungsstück nur zum Skilaufen, blieb unbeachtet. Hingegen wurde ich nun über den korrekten Sitz verschiedener Markenfabrikate unterrichtet und schließlich gezwungen, mir einige Stücke der engeren Wahl vor dem Spiegel anzuhalten, wobei die Damen mit schmeichelhaften Ausrufen des Entzückens nicht zurückhielten. Kurz darauf verließ ich diesen Ort, versehen mit einem gewiss dauerhaften Wäschestück, aber auch mit einem unbestimmten Gefühl der Rachsucht, das mir sonst fremd ist. Ich möchte nun für einen Tag Verkäufer in einem Geschäft für Damenwäsche sein.

Hochachtungsvoll

LORIOT

Sehr geehrte QUICK!

Kürzlich betrat ich ein Mietshaus, dessen Einwohner ganz
bestimmte Vorstellungen davon haben, was sie nicht wollen.
Aufgrund einer Tafel im Treppenhaus war es mir strikt untersagt,
dortselbst Rad zu fahren oder zu betteln, zu singen, zu musizieren,
Waren feilzubieten oder gar mit einem Ball zu spielen. Die Genauig-
keit, mit der diese Dinge aufgezählt waren, ließ mich großen Respekt
vor der straffen Organisation in diesem Hause empfinden, und
ich wagte mir nicht auszumalen, was hier einem Herrn geschieht,
der bettelnd von Etage zu Etage radelt und obendrein singend
in die Gitarre greift. Gleichzeitig machte mich aber der Gedanke
glücklich, wie viel persönliche Freiheit eine so präzise Verbotstafel
noch belässt, und ich habe mir vorgenommen, in das fragliche
Gebäude das nächste Mal zu Pferde einzureiten, im Parterre ein
Feuerwerk abzubrennen, sodann unter gellenden Schreien die
Treppe emporzugaloppieren und dabei aus einer Maschinenpistole
zu feuern. Dagegen hat sicher niemand etwas einzuwenden.

Hochachtungsvoll

LORIOT

41 Quick 14, S. 3
4. April 1959

Sehr geehrte QUICK!

Sie widmen im letzten Heft einen längeren Bericht der weiblichen Mode. Verständlicherweise verschweigen Sie einen Umstand, der mir jedoch von alarmierender Bedeutung zu sein scheint. Heute Morgen entnahm ich der Tagespresse eine Meldung, wonach der Rocksaum sich präzise eine Männerhand breit unter dem Knie der Dame zu befinden habe. Dieser jüngste modische Einfall scheint mir ebenso verdienstvoll wie gefährlich. Einerseits wird zwar eine erstaunliche Zunahme der männlichen Hilfsbereitschaft die Folge sein. Wie aber ist es um jene Damen bestellt, denen sich die erforderliche männliche Rechte umständehalber nicht ohne weiteres zum Maßnehmen bietet? Oder gehört es etwa für den Kavalier neuer Schule künftig zum guten Ton, der Bitte um seine Hand in höflicher Selbstverständlichkeit zu entsprechen? Für mich persönlich war bislang das Knie einer Dame Gegenstand zarter Vertrautheit, und ich sehe allen modernen Umwälzungen auf diesem Gebiet mit größter Besorgnis entgegen.

Hochachtungsvoll

Loriot bezieht sich auf den vierseitigen Artikel *Meine Damen! Quick bittet um Ihre Aufmerksamkeit*, in dem die neue Sommermode vorgestellt wurde. (*Quick*, Nr. 13, 28. März 1959)

Die exakte Länge des Rocksaums war eine Vorgabe von Yves Saint Laurent für die Dior-Röcke der Sommersaison 1959.

Sehr geehrte QUICK!

Wer auch nur wenige Tage im Besitz eines Telefonapparates ist, muss eine befremdende Feststellung machen. Mit diesem Gerät sind nämlich Dinge eng verbunden, von denen er nicht ahnen konnte, dass sie für den Betrieb desselben offensichtlich erforderlich sind. Kaum ist er dem Ortsnetz angeklemmt und fernmündlich erreichbar, schon füllt sich sein Briefkasten mit Drucksachen voll zwingender Fürsorglichkeit. Unter der Aufschrift „An alle Fernsprechteilnehmer" findet er den dankenswerten Rat, Kunsthonig künftig in praktischen 20-kg-Eimern zu erwerben und die Bestellung eines 36-bändigen Nachschlagewerks nicht länger hinauszuschieben, da die ersten zwei Bände bereits in Druck seien. Ferner sei man gegen ein geringes Entgelt bereit, allen Fernsprechteilnehmern wichtige, noch völlig unbekannte Dinge auf dem Gebiet von Liebe und Ehe mitzuteilen, sie gegen Blitzschlag zu versichern oder notfalls diskret zu bestatten. So verwirrend das im ersten Augenblick erscheinen mag, dies alles muss wohl zum Telefonieren unerlässlich sein, denn schließlich will doch niemand mit arglosen Fernsprechteilnehmern, die durch ihren Apparat ohnehin nervlich stark in Anspruch genommen sind, Schabernack treiben. Oder irre ich mich da?

Hochachtungsvoll

LORIOT

Sehr geehrte QUICK!

Meine Teilnahme gilt heute der Damenwelt und einem Umstand,
der auch den Herren nicht mehr länger gleichgültig sein kann.
Wer sich nur ein einziges Mal entschließt, durch die Stadt an der
Seite einer Dame zu gehen, wird erleben müssen, dass Letztere
urplötzlich auf einem Bein stehen bleibt, gellende Schreie der Wut
ausstößt und sich dabei einiger Ausdrücke bedient, die auch unter
Männern als anstößig gelten. Anlass zu dieser Szene ist eine der
heimtückisch über die Stadt verteilten Absatzfallen, wie Roste,
Luftschächte, Abtreter, Gitter, Steinfugen und Ritzen aller Art.
In einer von diesen steckt, mit verstümmeltem edelsten Teil,
der teuerste Ausgehschuh Ihrer Begleitung. Der Verdacht verdichtet
sich zur Gewissheit, es müsse eine dunkle Interessengruppe hinter
diesen Vorgängen stehen und bare Münze aus dem Missgeschick
der gequälten Damenwelt schlagen. Warum sonst gibt man dem
schöneren Geschlecht zu verstehen, es sei von Natur aus kurzbeinig,
und zwingt es, Absätze zu tragen, die Lebensglück und Wohlbefinden
in perfider Weise untergraben?

Hochachtungsvoll

LORIOT

Sehr geehrte QUICK!

Eine bekannte Automobilfirma gibt dem kaufinteressierten
Publikum neuerdings das Fassungsvermögen des Kofferraumes
ihres Fabrikates in Litern an. Zweifellos wird dieser Hinweis
von all denen begrüßt, die als zukünftige Autobesitzer ihren
Kofferraum zur Bierschwemme ausbauen, als Wannenbad einrich-
ten oder Propangas hineinblasen wollen. Hat man aber auch an
jene gedacht, die aus Apotheker- und Elektrikerkreisen kommen
und gewiss unwiderstehlich zum Ankauf eines Automobils gereizt
würden, wenn die entsprechenden Daten in Kilowattstunden
und Milligramm angegeben wären? Nicht uninteressant dürfte
es ferner für viele Kauflustige sein, wie viele Daunenfedern oder
Frischeier der Klasse A im Kofferraum untergebracht werden
können, und das Fassungsvermögen in Karat sollte für Juweliere
ausschlaggebende Bedeutung erhalten. Man darf der eingangs
erwähnten Automobilfirma empfehlen, in der Vervollkommnung
ihres bahnbrechenden Einfalls im Dienste des Kunden nicht
nachzulassen. Wie primitiv erscheinen dagegen die Bemühungen
anderer Firmen, die der Öffentlichkeit mit dürren Worten mitteilen,
wie viele Koffer ein Kofferraum fasst.

Hochachtungsvoll

LORIOT

Sehr geehrte QUICK!

Sie waren sich kürzlich mit den führenden Köpfen der Weltraumforschung darüber einig, dass der Mensch bedauerlicherweise eine Fehlkonstruktion sei, da man ihn nicht einmal ein paar Millionen Kilometer durch das Universum schießen und aus dieser Höhe wieder auf die Erde zurückprallen lassen könne, ohne sein Wohlbefinden zu gefährden. Ich möchte Ihnen hierzu nur ergänzend mitteilen, dass diese Art von Fehlkonstruktionen relativ verbreitet ist. Zum Beispiel überstehen aufgrund ihrer zarten Gesundheit die wenigsten Schweine eine Hausschlachtung, und ein mir bekanntes Huhn legte ein schadhaftes Ei, nur weil es unter eine Dampfwalze geraten war. Es ist zu empfehlen, sich an diese Schönheitsfehler der ohnehin veralteten Schöpfung endlich zu gewöhnen. Sonst fehlt uns die nötige Heiterkeit, wenn wir auf künftigen Gesellschaftsreisen für immer in unbekannten Spiralnebeln verschwinden.

Hochachtungsvoll

LORIOT

Der *Quick*-Autor Dr. H. Woltereck gelangte in seinem Artikel *Der Mensch – eine Fehlkonstruktion* nach Gesprächen mit Wissenschaftlern zu der Erkenntnis: „Die Schwierigkeiten, die heute noch eine Weltraumfahrt problematisch machen, liegen weit weniger bei der Technik als vielmehr beim beteiligten Menschen." (*Quick*, Nr. 20, 16. Mai 1959)

Sehr geehrte QUICK!

Kürzlich klagte ein Münchner Staatsanwalt mit jener menschlichen
Wärme, die diesem Stande eigen ist, über die Schwierigkeiten
entlassener Strafgefangener. Typisch sei der Fall des Friedrich K.,
der im Gefängnis durch ein Schwimmbad und frische Blumen
derart verweichlicht worden sei, dass der Unglückliche nach
Verbüßung seiner Haftzeit für die Rückkehr in ein bürgerliches
Leben völlig verdorben wurde. Diese Mitteilung ist für mich
von ungewöhnlichem Interesse, obwohl ich außer geringfügigen
Verkehrsdelikten bisher nicht straffällig wurde. Auch ich verspüre
nämlich, seit ich regelmäßig bade und mir häufiger Schnittblumen
leiste, starke asoziale Wesenszüge an mir. Zweifellos leiden noch
viele andere an diesen Symptomen, ohne ihre Ursache zu kennen.
Wie ist es möglich, dass unter einer christlich-demokratischen
Regierung so wichtige Dinge nur durch die Indiskretion eines
empfindsamen Staatsanwaltes bekannt werden, der gewiss schon
seit Jahren weder badet noch Blumen pflückt, um sich im Namen
des Volkes abzuhärten?

Hochachtungsvoll

LORIOT

Sehr geehrte QUICK!

Mit stolzer Genugtuung erfüllt uns gequälte Kraftfahrzeugbesitzer
die Nachricht, dass behördlicherseits erwogen wird, die Bürgersteige
zum Parken freizugeben. Endlich nähert man sich einer konstruk-
tiven Lösung des Fußgängerunwesens. Wer aufmerksam die
verkehrstechnische Entwicklung der letzten Jahrzehnte verfolgte,
wird mit Bestürzung feststellen müssen, wie rücksichtslos sich
die Fußgänger mehr und mehr in den Straßenverkehr einmischten.
Durch raffiniertes Aufstellen von Verbotsschildern, Errichten
heimtückischer Lichtsignale und nicht zuletzt durch das Anlegen
zahlreicher Bürgersteige verrieten sie ihre Entschlossenheit, die
Motorisierung dem Untergang preiszugeben. Es mag unglaublich
klingen, aber in verschiedenen Großstädten verschaffen sie sich
mit Hilfe sogenannter Zebrastreifen gewaltsam Zutritt zu stark
befahrenen Hauptverkehrsstraßen. Als sich schon in Anfällen tiefer
Depressionen viele Automobilisten entschlossen, in das Lager der
Fußgänger zu desertieren, erreichte sie die oben erwähnte Nachricht, die zu neuer Hoffnung berechtigt. Wir wollen dankbar sein,
aber falscher Weichheit keinen Raum geben. Schließlich steht dem
Fußgänger eine Welt offen, die dem Automobil verschlossen ist:
Treppen, Bahndämme, Bootsstege, Kleingärten, Sümpfe und Sack-
gassen. Die Straße ist unser. Wir Kraftfahrer können zwar nicht
mehr laufen, aber wir haben auch unseren Stolz!

Hochachtungsvoll

LORIOT

Vgl. *Gesetzgebung*, in: *Der Spiegel*, Nr. 43, 21. Oktober 1959: „Die vom Bundesverkehrs-
ministerium geplante Abänderung der Straßenverkehrsordnung ist Gegenstand harter
Auseinandersetzungen mit außerparlamentarischen Gremien geworden. So bekämpft der
Deutsche Städtetag die Absicht, Bürgersteige allgemein in den Parkraum einzubeziehen."

Sehr geehrte QUICK!

In angeblich gut informierten Kreisen wird behauptet, die
deutsche Obrigkeit sei starrsinnig und rechthaberisch, und
Irren halte man dort nicht für menschlich, sondern für völlig
ausgeschlossen. Ich bin glücklich, diese böswillige Entstellung
berichtigen zu können. Seit Jahren erhalte ich Mitteilungen
führender Bausparunternehmungen, die meine Einzahlungen
betreffen, Abrechnungen seriöser Bankinstitute, Gewinnlisten
staatlicher Lotterien und andere wichtige Papiere stets mit der
Aufschrift „Irrtum vorbehalten". Wie liebenswert und bescheiden
wirken diese zwei Worte! In köstlicher Ungewissheit beginne ich
die Bankeingänge selbst noch einmal durchzurechnen, versuche
zu erraten, wann meine Bausumme zuteilungsreif ist, erwäge die
Möglichkeit, unter den Hauptgewinnern der gestrigen Ziehung
nur irrtümlich nicht genannt zu sein, und gehe dankbar mit dem
Gefühl zu Bett, dass die leitenden Herren unseres finanziellen
Lebens, fern von teutonischem Starrsinn, einen Zug schlichter
Menschlichkeit entwickelt haben, die in Kürze sicher auch
„ganz oben" ankommt (Irrtum vorbehalten).

Hochachtungsvoll

Sehr geehrte QUICK,

die Deutschen haben sich den italienischen Stiefel angezogen.
Nicht ohne Stolz dürfen wir feststellen, dass wir auf dem Gebiet
der Touristik, Abteilung Italien, Wegweisendes geleistet haben.
Bis vor wenigen Jahren noch war das quälende Heimweh, das
deutsche Herzen im Ausland beschlich, ein ungelöstes Problem.
Kaum umspülte tiefblaues Mittelmeer die milchfarbenen Waden
des Urlaubsreisenden aus Krefeld oder Würzburg, schon senkte
sich eine Wolke dumpfer Sehnsucht nach heimatlicher Geborgen-
heit auf seine häusliche Touristenseele. Diese Zeiten sind vorüber.
In gemütlichen Omnibussen und der Gesellschaft gleichgesinnter
Landsleute erreicht man Rimini, die Perle der Adria. Der erste
urlaubstrunkene Blick fällt auf ein Schild mit den Worten „Deutsches
Bier", und wenig später reizt ein Gasthaus durch die Aufschrift
„Hier kannst du futtern wie bei Muttern" zur Einkehr, und die
Speisekarte empfiehlt mit Nachdruck „Frisches westfälisches
Bauernbrot". Bald wird dem Reisenden zur freudigen Gewissheit,
dass hier kein welsches Wort die deutsche Ferienfreude stört.
Die letzten Einheimischen werden mit ungläubigem Staunen
betrachtet, und während ein rheinisches Trachtenfest mit
Frankfurter Würstchen und alten Volksweisen den ersten Abend
in der Fremde beschließt, ist die Sonne über Italien untergegangen.

Hochachtungsvoll

LORIOT

Sehr geehrte QUICK!

Ich darf feststellen, dass unter Automobilisten die abendländischen Umgangsformen eine Bereicherung erfahren haben. Wie einleuchtend ist es doch, in schwierigen Situationen mit leicht gewinkeltem Zeigefinger auf das Gehirn zu deuten, um den motorisierten Gegenspieler schlicht des Schwachsinns zu bezichtigen! Diese noble Geste überrascht ebenso durch zwingende Klarheit wie präzise Kürze. Und man fragt sich, warum sie nicht schon längst auch außerhalb des Kfzs heimisch werden konnte. Wie eindeutig würde sich der Umgang mit Behörden gestalten, wie einfach würde sich ein Missverständnis im geselligen Beisammensein klären. Auch im Lokal, in Schule und Elternhaus, in Politik und Wirtschaft ließe ein kurzes Tippen des Zeigefingers allen förmlichen Ballast vergessen, der den Kontakt von Mensch zu Mensch bisher so erschwerte.

Hochachtungsvoll

LORIOT

Siehe auch S. 279 f.

Sehr geehrte QUICK,

im anbrechenden Jahrhundert der Frau hatte man bisher uns
Männern freundlichst noch ein kleines Reservat gelassen, in dem
wir uns unserer ruhmreichen Vergangenheit erinnern und gele-
gentlich ein Machtwort sprechen durften. Es war in Fragen der
Kindererziehung und irgendwelchem Haushaltskram. Da hatten
wir das letzte Wort, den sogenannten „Stichentscheid". Auch das
ist nun vorbei. Unter dem Vorsitz einer Dame hat das Bundesverfassungsgericht dem Zeitalter des Mannes ein schmähliches
Ende gesetzt und den „Stichentscheid" für nichtig erklärt. Nachdem die Ehegatten im Rennen um das letzte Wort an Herd und
Wiege jahrhundertelang Kopf an Kopf lagen und bei schwierigen
Entscheidungen auch ohne Hilfe des Richters mühelos ins
Stechen kamen, blieb es nun der Bonner Rennleitung vorbehalten,
auf das private Idyll den Wurstfinger des Gesetzes zu legen. Mit
verhängten Zügeln sind unsere possierlichen Lebensgefährten
durch das Ziel gestürmt und haben uns um Nasenlänge geschlagen.
Das Stechen fällt aus, und die zarten Siegerinnen tänzeln mit
frischem Lorbeer an die gefüllten Krippen zurück, während wir
ins Büro galoppieren, um uns erneut in die Riemen zu legen.
Das war unsere letzte Schlappe. Das nächste Mal werden wir
notgeschlachtet.

Hochachtungsvoll!

LORIOT

Am 29. Juli 1959 erklärte das Bundesverfassungsgericht den sogenannten „väterlichen
Stichentscheid" für verfassungswidrig, da die gemeinsame, unteilbare Verantwortung
gegenüber dem Kinde in Verbindung mit dem umfassenden Gleichberechtigungsgebot
der Verfassung die vollständige Gleichordnung von Vater und Mutter verlange.
(Vgl. BverfG 1. Senat, 1 BvR 205/58)

Sehr geehrte QUICK,

wenn wir dem Forschungsergebnis Prof. Selyes von der Universität
Montreal Glauben schenken dürfen, werden wir unter günstigen
Umständen in naher Zukunft ein Lebensalter von 200 (zwohundert)
Jahren und darüber erreichen können. Allerdings, so teilte der
Gelehrte mit, seien diese idealen Lebensbedingungen nur im Schutze
keimfreier Reagenzgläser zu erzielen. Das dämpft unsere anfängliche
Begeisterung ein wenig. Es ist nicht jedermanns Sache, nach
erfolgter Pensionierung ein mannshohes Reagenzglas zu besteigen –
auch wenn es sehr bequem sein sollte –, um einem beschaulichen
Lebensabend von 136 Jahren entgegenzusehen. Ganz zu schweigen
von der drohenden Möglichkeit, sich etwa einfachheitshalber auf
mehrere kleine Reagenzgläser verteilen lassen zu müssen. Nur für die
halbwüchsige Nachkommenschaft ist es vielleicht nicht ohne
Reiz, ihre sorgfältig etikettierten Ahnen in geistiger Frische ständig
um sich zu haben und sich, statt auf den Knien derselben zu schau-
keln, die Nasen an der gläsernen Schutzhülle ihres Ur-Ur-Opas
platt zu drücken, um ungezogen hindurchzufeixen. Nach sorgfältiger
Überlegung möchte ich die verantwortlichen Herren bitten,
mir 80 Jahre in spießbürgerlichem Frieden zu garantieren und
sich die restlichen 120 freundlichst an den Hut zu stecken.

Hochachtungsvoll!

LORIOT

Prof. Hans Selye war Direktor des Instituts für experimentelle Medizin und Chemie an der
Universität von Montreal. Er gilt als Vater der Stressforschung.

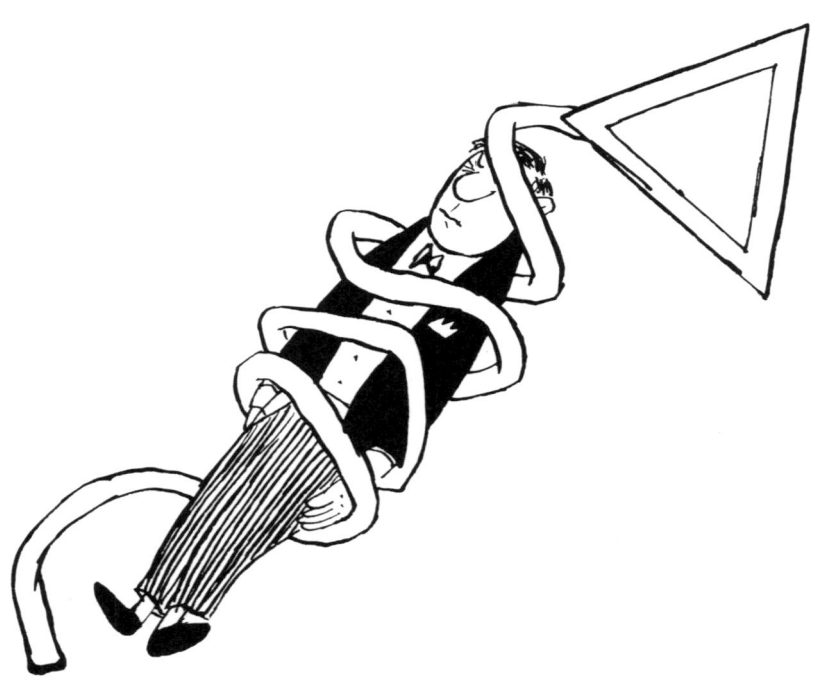

Sehr geehrte QUICK,

vorgestern hatte ich mir als verkehrsinteressierter Leser einer
führenden Tageszeitung den folgenden Beschluss des Karlsruher
Bundesgerichts einzuprägen: „Der Benutzer einer bevorrechtigten
Straße ist gegenüber den Verkehrsteilnehmern, die auf einer
einmündenden oder die Vorfahrtsstraße kreuzenden, nicht bevorrechtigten Straße herankommen, auch dann vorfahrtsberechtigt,
wenn er in diese Straße einbiegt." Nach zweistündiger Gedanken-
arbeit und Anfertigung genauer Skizzen geriet ich in quälende
Ungewissheit, ob ich nun etwa als ständiger Benutzer einer nicht
bevorrechtigten Straße gegenüber Verkehrsteilnehmern, die auf
keiner einmündenden und die nicht bevorrechtigte Straße auch
nicht kreuzenden, aber bevorrechtigten Straße herkommen, nicht
vorfahrtsberechtigt bin, obwohl ich in dieselbe nicht einzubiegen
wünsche. Falls ich bis Ende der Woche keine präzise Antwort
auf diese und alle anderen schwebenden Fragen der Straßenverkehrsordnung erhalte, fahre ich künftig ohne vorherige Warnung
nach dem gesunden Menschenverstand. Die Folgen dürften
Ihnen bekannt sein.

Hochachtungsvoll

Gemeint ist die BGH-Entscheidung vom 7. Januar 1959 (4 StR 313/58). Loriot verzichtet auf
den Nachsatz: „... und zwar so lange, bis er die Vorfahrtstraße mit der ganzen Länge seines
Fahrzeugs verlassen hat."

Sehr geehrte QUICK,

der Kampf gegen den Lärm hat eine überraschende Wendung genommen. Genaue akustische Messungen an Stätten öffentlicher Massenvergnügungen ergaben, dass die schrillen Aufschreie der Damen von hundert und mehr Phon Lautstärke jene Geräuschqualität erreicht haben, unter der auch robuste Männer nach kurzer Zeit seelisch und körperlich zusammenbrechen. Rein technisch entsprechen diese Äußerungen weiblicher Lebenslust der Lautstärke eines Motorrades ohne Schalldämpfer. Vergleichsweise ist eine mehrköpfige Blaskapelle im eigenen Heim nicht imstande, eine ähnliche Wirkung zu erzielen. Nun hat man uns Männern zwar die Ursache unserer ständigen Gereiztheit schmerzhaft deutlich vor Ohren gehalten, aber wie gedenkt man einzuschreiten? Unglücklicherweise gibt es viel mehr Frauen als Motorräder, deren ständige Geräuschüberprüfung die ohnehin schon überlastete Beamtenschaft vor eine unlösbare Aufgabe stellen würde. Macht man sich womöglich als Gatte einer 100-Phon-Frau ebenso strafbar wie als Besitzer eines Kraftrades mit defektem Auspufftopf? Noch wissen wir nicht, welche Maßnahmen von verantwortlicher Seite ergriffen werden. Aber schon heute sollten geräuschempfindliche Herren bei der Wahl des Ehepartners sich eher für eine Blaskapelle entscheiden.

Hochachtungsvoll!

LORIOT

Vgl. *Weibliches Gekreisch*, in: *Der Spiegel*, Nr. 21, 20. Mai 1959: „Der Bundesgerichtshof in Karlsruhe wird sich demnächst mit der Frage befassen müssen, ob nächtliches schrilles Kreischen frohsinniger Rummelplatzbesucherinnen die Funktion des vegetativen Nervensystems schlafbedürftiger Rummelplatzanlieger derart zu beeinträchtigen vermag, dass die Justiz den bedrohten Bürgern Schutz vor solchen und ähnlichen Lustgeräuschen gewähren muss."

Sehr geehrte QUICK,

in tiefer Besorgnis um die Freiheit des Bundesbürgers greife ich zur Feder. Vor wenigen Jahren verschied nach längerem seelischen Leiden sanft der Backfisch, und es begann der Einmarsch der Teenager. Sie kleideten sich in militärischer Gleichförmigkeit und liebten, links-zwo-drei-vier, ihren Peter. Kaum haben wir dem Ansturm minderjähriger Erotik standgehalten, schon liegt ein neues Kuckucksei in den noch feuchten Windeln unserer Wunderwiege: der Twen! Auch für dieses De-luxe-Modell des Menschen zwischen zwanzig und dreißig hängt eine kleidsame Uniform im Spind: Twenjacken und -blusen, Twenjacken und -höschen, und bald wird ein Twen zur Gitarre greifen und Millionen Twens zu gemeinsamen rhythmischen Bewegungen zwingen. Ich fürchte, auch uns Männern zwischen dreißig und vierzig bleibt nur noch eine kurze Frist privater Gelöstheit, bis wir von einer erbarmungslosen Bekleidungsindustrie zu „Thirtys" zusammengefasst und vielleicht in formschönen „Thirty"-Strickmodellen der angetretenen Twen- und Teenagerschaft eingegliedert werden, um zu den Klängen gemeinsamer Schlager geistigen Gleichschritt zu halten und die modernen Grundsätze planmäßiger Umsatzsteigerung durchzuexerzieren. Am besten, man drückt sich und geht in die Bundeswehr.

Hochachtungsvoll!

LORIOT

Der Schauspieler und Sänger Peter Kraus war Ende der 1950er Jahre ein großes Teenageridol in der BRD.

Sehr geehrte QUICK!

In unserem guten alten Massenzeitalter gilt es als rückständig, untergeordnete Arbeiten zu verrichten. Nur Spießer waschen mit der Hand oder denken mit dem Kopf. Der Herrenmensch von heute besitzt Waschmaschine und Elektronengehirn. Kaum hat man sich an diesen ebenso sauberen wie gedankenlosen Zustand gewöhnt, hört man von neuen, prachtvollen Erfolgen auf dem Gebiet der Automaten. Ein formschönes Gerät wird gegen Einwurf barer Münze heiße Brühwürste, Milch in Tüten, Flaschenbier, Kaffee mit und ohne Milch und Zucker, weitere sieben kalte, fünf heiße Getränke und verschiedene Speisen abgeben, großes Geld wechseln und noch vor Beginn der Mahlzeit per Lautsprecher „Danke schön" oder „Wohl bekomm's" sagen. Mit Genugtuung dürfen wir feststellen, dass die unwürdige Handbedienung alter Art nun bald der Vergangenheit angehört. Leider ist das Personal zum eventuellen Reparieren des komplizierten Gerätes sicher kaum zu kriegen, und man wird mit der Eleganz des kultivierten Genießers darüber hinwegsehen müssen, wenn einem nach Druck auf den Knopf zwei Dutzend kalte Würstchen, gefolgt von einem Strahl kochenden Apfelsaftes und einer Zigarre in Milch mit Zimt und Zucker um die Ohren fliegen, wobei eine Stimme „Frohes Wochenende" wünscht. Menschen sind nämlich knapp. Sie sind mit der Herstellung von Automaten beschäftigt.

Hochachtungsvoll

Sehr geehrte QUICK!

Die Meldung aus England, der englische Kriminologe Hawkins
habe geäußert, dass Verbrechen sich auszahle, da die Polizei von
83 Millionen DM Diebesgut, gestohlen 1958 in London, nur 32
Millionen wieder beibringen konnte, stimmt mich nachdenklich.
Das Zahlenmaterial der deutschen Polizei, dem zufolge 60 Prozent
der Diebesbeute wieder aufgestöbert wird, kann mich da auch nicht
beruhigen. Entweder mangelt es der hiesigen Einbrecherschaft an
der nötigen Intelligenz, ihrem Beruf erfolgreich nachzugehen, oder
den deutschen Sicherheitsbehörden fehlt völlig der Sinn für das freie
Berufsleben. Wie dem auch sei, meines Bleibens kann hier nicht
länger sein! Es zieht mich nach England. Ich neige sonst nicht zur
Missgunst, aber wenn ich bedenke, dass die Freude der britischen
Berufsverbrecher an den eingenommenen 51 Millionen nicht einmal
durch Entrichtung der Einkommens- und Umsatzsteuer geschmälert
oder durch Kirchen- und Lustbarkeitsabgaben unnötig getrübt
wurde, kommen mir doch ernste Zweifel, ob ich beruflich auf dem
richtigen Wege bin. Oft muss man als Karikaturist erleben, dass in
Monaten rastloser Arbeit am Zeichentisch auch nicht eine einzige
Million aus der gequälten Feder springt (das soll in anderen Berufen
ähnlich sein) und man dennoch genötigt ist, die Obrigkeit an den
kargen Einnahmen reichlich zu beteiligen. Wie rationell arbeitet
dagegen die englische Unterwelt: große Umsätze, steuerfreies
Einkommen, kleine Unkosten. Und warum sattelt man nicht um?
Wir sind zu bequem. Man sollte sich schämen!

Hochachtungsvoll

LORIOT

Die Umfrage *Lohnt sich Verbrechen?* stellte oberhalb von Brief Nr. 57 die These von Mr. Hawkins
vor, ebenso die Antworten von vier deutschen Kriminologen, die einhellig erklärten, dass in der
BRD ca. 60% des Diebesgutes wieder eingebracht werde, Verbrechen sich also nicht lohne.
Folgende Passage erzeugte einen direkten Übergang: „Das sagen also unsere Kriminalisten,
und sie sollten es eigentlich wissen. Loriot freilich hat seine eigene Meinung über den Wert
oder Unwert der (steuerfreien) Einbrechertätigkeit."

Siehe Leserbrief von F. Schulz, S. 244.

Sehr geehrte QUICK,

wie ich Ihrer letzten Nummer entnehme, hat das Fernsehen auf
kulturellem Gebiet einen neuen alarmierenden Einbruch erzielt.
Künftig werden Schiedsrichter das Kampfgeschehen auf Fußball-
plätzen per Bildschirm verfolgen und in dringenden Fällen mittels
Lautsprecher eingreifen. Mir scheint, hier zeichnet sich ein Weg ab,
der für die Zukunft richtungweisend sein könnte. Schließlich will
ja niemand unbedingt dabei sein, wenn irgendwo gekämpft wird.
Sogar die Polizei beginnt bereits damit, nur noch aus der beschaulichen Zurückgezogenheit ihrer amtseigenen Fernsehgeräte mit den
Brennpunkten der Verkehrsschlacht zu liebäugeln. Auch wir sollten
an der dargebotenen Hand der Technik nicht achtlos vorübergehen
und unseren Posten vor der Fernsehtruhe nur verlassen, wenn es
dringend nötig ist. Kleinere Geschäfte kann man telefonisch erledigen. Lassen Sie uns also Platz nehmen, die Unterschenkel gegen
vorzeitige Blutleere im Gehirn hochgelagert, und in Erwartung
nahender Katastrophen genussfroh in die Röhre blinzeln.

Hochachtungsvoll

Im Artikel *Glasauge, sei wachsam!* war von einem Schiedsrichter zu lesen, der ein Footballspiel
in Cleveland anhand von Kamerabildern und mit einem Mikrofon aus dem „stillen Kämmerlein"
geleitet hatte. Maßgebende Funktionäre prophezeiten: „Dem verborgenen Schiedsrichter
hinter den Kulissen gehört die Zukunft." (Zit. nach *Quick*, Nr. 47, 21. November 1959)

Sehr geehrte QUICK!

Obgleich der geschätzte Leser an dieser Stelle sonst herbe Kritik
gewohnt ist, sei mir heute ein Wort neidloser Anerkennung vergönnt. Es gilt dem einzigen Manne, der hierzulande immer seiner
Zeit voraus ist: dem deutschen Einzelhändler. Während wir an
sonnigen Septembertagen mit der Gedankenlosigkeit des Massen-
menschen im Freien Kaffee trinken, stehen seine Schaufensterpuppen bereits bis an die Knie im Pulverschnee und kämpfen mit
Ohrenschützern, schafwollenen Fäustlingen und gewinnendem
Lächeln gegen polare Frosteinbrüche. Kaum niest der rückständige
Endverbraucher, herbstlich berührt, zum ersten Mal in die feuchte
Novemberluft, schon liegt die Geschenkpackung deodorierender
Badeseife in den Händen eines gütig lächelnden Weihnachtsmannes,
und freudiger Glanz tritt über Nacht in die Augen des festlich
gestimmten Einzelhändlers. Zu höchster Eile getrieben, versuchen
wir schwerfälligen Konsumenten, mit dem geistigen Höhenflug
weitsichtiger Umsatzstrategen Schritt zu halten, um wenigstens
in den Feiertagen ihren Vorsprung einzuholen. Aber während wir
uns Heiligabend in bürgerlicher Einfalt schon am Ziele wähnen,
befindet sich der kaufmännische Avantgardist mit Pappnase und
Knallbonbons längst auf dem Wege ins Geschäftsjahr 1960.

    Hochachtungsvoll

    LORIOT

Sehr geehrte QUICK,

das nahende Fest veranlasst mich, auf eine Gefahr hinzuweisen,
über die in weiten Kreisen der Bevölkerung mit unerklärlichem
Leichtsinn hinweggesehen wird: Bei vielen Berufstätigen führt
der plötzliche Wechsel aus dem täglichen Rhythmus erzwungener
Arbeitslust in die nestwarme Stille festlicher Untätigkeit zu dem
gefährlichen Vorsatz, von jetzt ab nur noch maßvoll zu arbeiten,
statt sich mit blindem Fleiß im Dienste der Firma aufzureiben.
Angesichts dieser alarmierenden Entwicklung muss daher dringend
empfohlen werden, die gewohnte Rastlosigkeit auch in den Feiertagen fortzusetzen, um die Rückkehr ins Berufsleben nicht unnötig
zu erschweren. Einem raschen Abbau des Weihnachtsbaumes
in den frühen Morgenstunden des 25. 12., hastig eingenommenem
Essen und schnellstmöglichem Packen folgt die Bravourfahrt auf
Glatteis und eigener Achse in das letzte Fremdenzimmer von Tirol.
Nach Tagen harter körperlicher Beanspruchung auf Rennpiste und
Barhocker sowie planmäßigem Erledigen dringender Postkarten-
grüße unterrichtet man in der Silvesternacht, Punkt 24 Uhr, den
weiteren Bekanntenkreis telefonisch vom Beginn des neuen Jahres
und fädelt sich dann zur sofortigen Rückfahrt in den Verkehrs-
strom ein. Wenn man außerdem noch am Neujahrsmorgen die
Weihnachtsgeschenke zum Umtausch bereitlegt und pflichtgemäß
dem Winterschlussverkauf entgegenfiebert, kann die Gefahr
weihnachtlicher Besinnung als überwunden angesehen werden.

Hochachtungsvoll

LORIOT

Sehr geehrte QUICK!

Man verzeihe mir, wenn ich noch einmal auf Oberhemden zu sprechen komme, aber es geht um den Hals, und irgendwo muss der Spaß ja aufhören. Früher kaufte man Hemden und konnte sich immer darauf verlassen, dass sie einliefen. Diese goldenen Zeiten blinden Vertrauens gehören der Vergangenheit an. Heute ist es der rastlosen Textilindustrie gelungen, mit einer raffinierten Mischung einlaufender und nicht einlaufender Oberhemden den Käufer eines solchen Wäschestückes in einen Abgrund entnervender Unwissenheit zu stürzen. Kürzlich kämpfte ich minutenlang mit dem Erstickungstode, da der Kragen meines neuen Hemdes beim Genuss einer warmen Fleischbrühe anderthalb Nummern einlief. Ich hatte irrtümlich angenommen, eines dieser Meisterwerke formbeständiger Wäschefabrikation erworben zu haben. Ich kann und will nicht darauf verzichten, mühelos Luft zu holen, und wählte diesmal ein Hemd, bei dem ich die drohende Verengung durch eine entsprechend reichliche Halsweite berücksichtigte. Es ist jetzt durch die dritte Wäsche gegangen, vierundzwanzig Stunden gekocht und wurde von einer Dampfbügelei mehrfach zu einem handlichen Brettchen gepresst. Leider ist es entgegen meinen Erwartungen absolut beständig und bietet im Kragen nach wie vor außer mir noch einem weiteren Herrn Platz. Das wollte ich nicht. Ich bin ein geselliger Mensch, aber in meinem Hemd möchte ich allein sein. Ich wünsche mir eins, das einläuft, und zwar mit absoluter Sicherheit.

Hochachtungsvoll

Sehr geehrte QUICK,

wir dürfen aufatmen! Es ist der Filmindustrie gelungen, in ihre
jahrzehntelangen Bemühungen um die sinnliche Entwicklung der
Menschheit nunmehr auch die Nase mit einzubeziehen. Die ersten
riechenden Filme sind in den Vereinigten Staaten bereits angelaufen.
Ich habe im Kino meinen Geruchssinn bisher eigentlich als
störend empfunden, aber ich lasse mich da gern belehren. Schon
beginnt mich der Gedanke zu quälen, wie viel echter Lichtspiel-
genuss einem in den vergangenen Jahren durch die ruchlose
Technik der Filmschaffenden entgangen sein mag. Selten bekamen
wir zu den Schweineställen dörflicher Heimatfilme wirklich
Kontakt, da die veralteten Produktionsmethoden unsere Nasen
zur Untätigkeit verurteilten. Dem Publikum wird wahrscheinlich
jetzt erst so richtig klar, dass es seine Leinwandlieblinge niemals
riechen konnte. Aber nun gehen wir schnüffelnd der künstlerischen
Vollendung entgegen. Wir werden nicht eher ruhen, bis sich Freddy
samt Meer, Gitarre und Originalgeruch auf haushohen Cinemiracle-
Wellen ins Parkett ergießt und das entzückte Publikum duftfrisch
von den Sitzen spült. Dann haben wir im Kino endlich unsere
fünf Sinne beieinander! Nein, der Geschmack fehlt noch.
Na, wir wollen nicht unbescheiden sein.

Hochachtungsvoll

LORIOT

Am 2. Dezember 1959 wurde in einem Broadway-Kino mit *Behind the Great Wall* der erste
Geruchsfilm uraufgeführt. Über die Klimaanlage gelangten verschiedene Düfte in den Kinosaal.
Das Verfahren nannte sich AromaRama. Wenige Wochen später lief mit *The Scent of Mystery*
ein zweiter riechender Film an. Er wurde in einem anderen Verfahren namens Smell-O-Vision
hergestellt.

Freddy, die Gitarre und das Meer war 1959 ein erfolgreicher deutscher Kinofilm mit dem
Schlagersänger und Schauspieler Freddy Quinn in der Hauptrolle.

Cinemiracle war ein in den frühen 1950er Jahren entwickeltes Breitwandverfahren,
das ein Seitenverhältnis von 3:1 aufwies.

Sehr geehrte QUICK,

immer im Bemühen, den Straßenverkehr zeitnah und
kurzweilig zu gestalten, errichtete die Münchner Polizei
kürzlich eine Vielzahl von Schildern, die das Parken bei
einer Schneehöhe von über 10 Zentimetern verbieten.
Wir Autofahrer sind glücklich, außer dem Abkratzen
vereister Scheiben, Auftauen der Wagenschlösser, Anlegen von Schneeketten und Schieben stromschwacher
Automobile nun ein weiteres Mittel im Kampf gegen
die winterliche Langeweile in unseren klammen Händen zu halten:
Schneemessen im Stadtzentrum. Wer kniete nicht gern nach
beschwingter Glatteisfahrt im knusprig braunen Großstadtschnee
und liebte es nicht, seinen Mittelfinger in die erkaltete Gosse zu
treiben, um gespannt dem Ergebnis der Messung entgegenzufrös-
teln! Mein Mittelfinger misst genau 8,6 Zentimeter. Ich gebe daher
immer noch 14 Millimeter vom Handteller zu. Der Einfachheit
halber habe ich mir dort einen Strich mit Tinte gemacht. Ich erziele
damit recht präzise Resultate, ohne zum ständigen Mitführen eines
Lineals gezwungen zu sein. So reizvoll uns Kraftfahrern diese neue
Möglichkeit winterlicher Freizeitgestaltung auch erscheint, lässt
sie uns doch besorgt auf das Frühjahr blicken. Dann werden wir
die neue, liebgewonnene Beschäftigung wieder entbehren müssen.
Vielleicht finden wir dann aber andere Schilder vor, zum Beispiel
mit der Aufschrift: Parken verboten bei Körpertemperaturen über
36,8 Grad (unter dem Arm).

Hochachtungsvoll

LORIOT

Sehr geehrte QUICK,

wir nähern uns dem Höhepunkt des Karnevals, getragen vom
Schwung der Grippewelle. Die geröteten Mandeln schamhaft
hinter falschen Bärten verborgen, taumeln wir faschingstrunken
in die geöffneten Arme Seiner Tollität. Ein fühlbarer Mangel an
wärmender Unterwäsche wird durch die dankenswerte Tätigkeit
entfesselter Rhythmusgruppen ausgeglichen, erhöhte Tempera-
turen fallen im gezielten Strahl preiswerter Schaumweine auf den
Nullpunkt, und beim Glase Bier erlischt der letzte fiebrige Glanz in
den Augen des kränkelnden Cowboys. Mit erwachender Energie
und dem unüberwindlichen Drang nach Zärtlichkeit stürzen
wir uns frohlockend in die köstlich brodelnde Menge, erfüllt von
Quintillionen gleichgesinnter Grippebazillen. Wir sind ja unter
uns und wollen schließlich auch mal Mensch sein!

> Küsschen
> (auf die Backe, versteht sich)
> Dein
>
> *LORIOT*

Wegen einer Grippewelle in München mussten bis Anfang Februar 1960 u. a. 52 Schulklassen
geschlossen werden, und in einem großen Postamt konnten über 300 Personen nicht zur Arbeit
erscheinen. (Vgl. *Gesundheitsamt wiegelt ab*, in: *Stadtchronik München, Bemerkenswertes,
Kurioses und Alltägliches*, 3. Februar 1960)

Sehr geehrte QUICK,

ein schmerzliches persönliches Ereignis veranlasst mich zu diesem
Schreiben, das von alarmierender Bedeutung für alle motorisierten
Leser sein dürfte und für alle, die mit dem Gedanken spielen, ein
Automobil zu erwerben. Ich bin seit sechs Jahren Besitzer eines
Wagens und verließ denselben nur zu den Mahlzeiten und auf dem
Weg ins Bett. Vorgestern hatte ich ihn für kleine Überholungsarbeiten
einer Werkstatt übergeben und sah mich unvermittelt auf einem
Fußweg von etwa fünfzehn Metern bis zum nächsten Taxi. Ich habe
solche Entfernungen seit 1954 nicht mehr zu Fuß zurückgelegt.
Schon nach wenigen Schritten stellte ich überrascht fest, nicht mehr
Herr meiner Beine zu sein, kam beim Versuch, eine Bordsteinkante
zu nehmen, mit den Füßen völlig durcheinander und stürzte plump
auf die Straße. Ich weiß, dass mein Wohlbefinden hier nicht von
Interesse ist, aber an der Tatsache, dass langjährige Autofahrer zwar
geistig frisch sind, körperlich sich jedoch auf die Stufe einjähriger
Kinder zurückentwickeln, darf die Öffentlichkeit nicht vorübergehen!
Ich richte daher den dringenden Appell an die Fußgängerschaft:
Nehmt euch der Kraftfahrer an, die sich außerhalb ihres Fahrzeugs
befinden und hilflos den Gefahren des Bürgersteigs ausgeliefert sind.
Den Kraftfahrern aber rufe ich zu: Schont die Fußgänger, Ihr braucht
sie noch!

Hochachtungsvoll

LORIOT

Sehr geehrte QUICK,

das Schreckliche ist geschehen: Die Höchstgage für einheimische
Filmschauspieler ist pro Film auf 100 000 Mark beschränkt
worden! Die Verarmung unserer Leinwandlieblinge hat eingesetzt.
Wie viele hoffnungsfrohe junge Mädchen, die sich der Filmarbeit
widmen wollten, nachdem sie diese Absicht in begreiflicher
Unentschlossenheit erst monatelang beschlafen mussten, wenden
nun der Kamera enttäuscht den Rücken und verschwinden
zweckentfremdet in der Industrie. Hunger und Kälte werden
den Alltag unserer Spitzenstars kennzeichnen. Wer kann bei
einem jährlichen (!) Einkommen von höchstens zweihundert-
bis dreihunderttausend Mark mit den ständig steigenden Preisen
noch Schritt halten? Man bedenke, dass ein halbes Pfund Butter
allein schon 1,80 Mark kostet und viele Filmstars noch eine Familie
oder mehr zu ernähren haben! Wir wissen nicht, was die deutschen
Produzenten zu dieser unmenschlichen Handlung veranlasst haben
mag. Sicher will man mit den frei werdenden Mitteln notleidenden
Rentnern eine Freude machen oder die Eintrittspreise ermäßigen.
In jedem Falle dürfen wir nicht tatenlos zusehen, wenn unsere
Lieblinge verelenden. Ich appelliere daher heute an das Herz jedes
Lichtspielbesuchers: Sendet warme Sachen (auch getragene),
Schuhe, Lebensmittel oder ein gutes Buch als kleines Zeichen
der Dankbarkeit für die hart Getroffenen.

Hochachtungsvoll

Mitte Februar 1960 bildeten sämtliche Filmproduzenten und -verleiher der BRD ein Kartell mit
dem Ziel, die Gagen der deutschen Filmschauspieler zu begrenzen. Erstellt wurde eine Liste,
die die Darsteller in drei Kategorien und Honorargruppen fasste. Als absolute Höchstgage
wurden 100 000 DM, gegen Verstöße ein Kontroll- und Bestrafungssystem beschlossen.
(Vgl. *Quick*, Nr. 10, 5. März 1960, und *Der Spiegel*, Nr. 10, 2. März 1960)

Sehr geehrte QUICK,

wir stehen am Vorabend einer Völkerwanderung, gegen welche die
gleichnamige Veranstaltung unserer germanischen Altvorderen
bestenfalls als familiärer Osterspaziergang zu bezeichnen ist.
Wie alljährlich wird die deutsche Ferienverkehrswelle, vom Sturm
der Reiseunternehmer gepeitscht, die blühenden Gestade Europas
überspülen. Nur gilt es, auch die letzten Urlauber in den Strom
der Gesellschaftsreisen einzuschleusen, die unserem fortschrittlichen Urlaubskollektiv bisher fernblieben. Gemeint sind all diese
unverbesserlichen Eigenbrötler, die im Urlaub a l l e i n oder gar
ungestört sein wollen. Unter den behutsamen Händen erfahrener
Reiseleiter sollen sie in Mindestabständen an einsamen Strom-
schnellen Irlands verteilt werden, um dort zu angeln. Liebhaber
ausgedehnter Spaziergänge mit persönlicher Note finden sowohl
in den Steppen Zentralasiens als auch in Polarnähe touristisch
organisierte Betten mit Frühstück und Lunchpaket. Ferner
versprechen „Hobby-Reisen" die Erfüllung speziellster Sonder-
wünsche. Wir brauchen uns nichts mehr unnatürlich zu verkneifen,
denn wir sind organisiert – zwo-drei-vier. Wir werden im heiligen
Ganges baden und in den Vatikanischen Gärten Pingpong spielen,
wir werden mit britischen Herzögen Cocktails trinken, Mami
Chruschtschow die Hände küssen und auf dem Montmartre
deutsche Lieder singen. Wir werden unsere Namen preiswert
in die Chinesische Mauer ritzen, ins Empire State Building und
in die Cheops-Pyramide. Alles in vierzehn Tagen für 286 Mark.
Trinkgeld inklusive. Denn für eine Reisegesellschaft ist die Welt
nicht größer als Bonn für einen Fußgänger.

Hochachtungsvoll

LORIOT

Sehr geehrte QUICK,

ein Wort des Dankes ist nötig. Wer sagt uns, was uns schmeckt und
bekommt, womit wir uns rasieren, kleiden und erfrischen sollen,
was uns zu Herren macht, wie wir die Ohren anlegen können und
mühelos in den Besitz einer klassischen Büste kommen? Es ist die
WERBUNG! Durch ihren unermüdlichen Einsatz sind wir in allen
Fragen des täglichen Bedarfs ständig auf dem Laufenden. In diesem
Zusammenhang darf ich auf die neuen sensationellen Anzeigen
auswärtiger Unternehmen verweisen, die den rechtzeitigen Einkauf hochwertiger Triebwerke für D-Zug-Lokomotiven empfehlen,
ferner auf die Vorzüge ihres besonders für Tiefflüge geeigneten
Düsenjägers hinweisen und nicht zuletzt eine leicht transportable
10-Tonnen-Rakete anbieten, die auch anspruchsvollsten Raketen-
freunden das Wasser im Munde zusammenlaufen lässt. Leider
gehöre ich zu jener Bevölkerungsschicht, die auf technischem
Gebiet immer hinterherhinkt (mein modernstes Gerät ist ein
elektrischer Rasierapparat). So muss ich gestehen, dass ich bis
heute nicht im Besitz eines D-Zuges bin, der mir den Kauf eines
1000-PS-Dieselmotors ratsam erscheinen ließe. Auch ist mein
Garten für den Start von Düsenjägern und die Abschüsse taktischer
Raketen nur ungenügend vorbereitet. Aber an diesen Kleinigkeiten
soll man sich nicht stoßen, wenn es gilt, einen neuen Markenartikel
auszuprobieren, der einem so unwiderstehlich angeboten wird.
Nach sorgfältiger Überlegung habe ich mich für die Rakete
entschlossen. Von ihr verspreche ich mir den reinsten Genuss:
Sie regt an und lässt unbefriedigt.

Hochachtungsvoll

Sehr geehrte QUICK,

nur zögernd greife ich zur Feder, denn es gilt, ein Thema zu
berühren, das bis zu jenen intimen Sphären vorstößt, über die
ein Herr sonst nicht spricht. Sie haben es erraten: Es handelt
sich um die Körperpflege. Genauer gesagt, um die Körperpflege
bei Tisch. Längst hat der Zahnstocher seinen Siegeszug über
die festlich gedeckten Tafeln kultivierter Gastlichkeit angetreten
und bietet eine ebenso bequeme wie intensive Betreuung des
Gebisses, ohne das Tischgespräch zu unterbrechen. Es gab Zeiten,
in denen man so was gewissermaßen heimlich tat. Die haben
wir augenscheinlich überwunden. Warum also auf halbem Wege
stehen bleiben? Führende Lokale halten neben Salz, Pfeffer und
Suppenwürfel zwar Zahnstocher in ausreichender Anzahl bereit,
wo aber findet man auf gepflegten Tischen Kamm und Bürste,
Nagelreiniger und Rasierapparat? Wir fortschrittlichen Menschen
von heute kennen keine falsche Scham und brauchen uns für intime
Dinge kaum noch zurückzuziehen. Darum ist mit Zahnstocher
und Serviette allein der Kampf um die moderne Mahlzeit nicht
mehr zu gewinnen. Auf jeden Tisch gehört ein Necessaire für
durchdachte Körperpflege, oder unsere Rolle als Kulturstaat ist
ausgespielt.

Hochachtungsvoll

LORIOT

Sehr geehrte QUICK,

dies ist keiner von den gewöhnlichen offenen Briefen. Es ist ein
Aufschrei. Im Fachblatt der Britischen Medizinischen Gesellschaft
schreibt Dr. K. Hutchin: „Lebensbedrohend für das männliche
Herz ist der weibliche Redeschwall." Endlich wissen wir, wo der
Abgrund lauert: im eigenen Heim. Jahrelang hat man uns den Spaß
an Alkohol und Nikotin verdorben, hat man uns eingeredet, wir
seien Manager und daher ganz natürlich zu vorzeitigem Altern
verurteilt. Stattdessen schwebt seit unserer Eheschließung die
geschliffene Zunge der Gattin als tödliche Gefahr über unserer
Gesundheit und arbeitet Tag für Tag in staunenswerter Geschwindigkeit an ihrem Vernichtungswerk. Wer weiß, wie viele Männer
schon in blühenden Jahren durch die Zungenfertigkeit ihrer
Gattin dahingerafft wurden, wie viele Überlebende noch zu retten
sind? Dürfen wir länger zusehen, wie man unser einst so stolzes
Geschlecht dem endgültigen Ruin entgegenschwatzt? Männer,
es ist kurz vor zwölf, und unsere Gesundheit ist zart! Wir dürfen
nicht zulassen, dass sie den Damen auf der Zunge zergeht!

Hochachtungsvoll!

Loriot bezieht sich auf den Artikel *How to keep your husband alive* von Dr. Kenneth C. Hutchin,
in: *The Family Doctor*, Februar 1960.

Sehr geehrte QUICK,

eine erregende Nachricht drang in die Tagespresse: Seit dem Jahre 1900 haben Erkrankungen, die auf reine Nervosität zurückzuführen sind, bei Hunden in beängstigender Weise zugenommen! Dies ist nach den Studien eines Tierarztes die beschämende Folge der Unrast unserer Zeit. Mit u n s e r e n Nerven können wir schließlich machen, was wir wollen. Aber wer gibt uns das Recht, die Gesundheit der schuldlosen Kreatur zu unterhöhlen? Erst locken wir einen Hund in unser Haus, teilen mit ihm Tisch und Bett, und dann machen wir ihn nervös! Was nützen familiäre Beziehungen zu einem Boxer, wenn man nicht weiß, ob er aus Freude oder Nervosität mit dem Schwanz wedelt. Es war uns als Besitzer eines Hundes immer ein lieber Gedanke, demselben mit der Zeit zu ähneln. Das ist vorbei. Wir müssen nun mit Entsetzen feststellen, dass die Hunde u n s e r e Eigenschaften übernehmen. Bei aller Tierliebe, das ist zu viel! Ich hänge an meinem Hund, aber wenn er genauso würde wie ich, müsste ich ihn einschläfern lassen.

Hochachtungsvoll

Vgl. *Auf den Hund gekommen*, in: *Die Zeit*, Nr. 19, 6. Mai 1960: „Der Tierarzt Dr. Albert Wetzel aus Landau in der Pfalz erklärte, die Hast unserer Zeit wirke sich auch auf die Haustiere aus. ‚Sogar die Hunde sind nervöser als im Jahre 1900‘, hatte Wetzel, der sich seit Jahren mit Nervenkrankheiten bei Tieren befasst, beobachten können."

JUGENDLICHES AUSSEHEN IN 2 MINUTEN

VORHER   NACHHER

Sehr geehrte QUICK,

eigentlich hatte ich beabsichtigt, heute die gegenwärtige politische
Situation zu beleuchten. Aber schon während der ersten Arbeiten
an diesem scheinbar brennenden Problem stieß ich auf ein Ereignis
von noch einschneidenderer Bedeutung: Haarausfall! Seit ich mich
zufällig von hinten gesehen habe, weiß ich, dass mein Leben eine
scharfe Wendung genommen hat. Hinter mir liegt eine glückliche,
behaarte Knabenzeit, vor mir das kahle Entsetzen! Das ist zwar
auch nicht so lustig, bietet aber meinem engeren Bekanntenkreis
einen unerschöpflichen Born launiger Einfälle. Sie werden verstehen, dass die politischen Ereignisse unter diesen Umständen
für mich nur noch eine untergeordnete Rolle spielen.

Hochachtungsvoll!

LORIOT

PS: Welche kahlköpfigen Herren oder Damen, die das vierzigste
Lebensjahr noch nicht überschritten haben, wünschen Briefwechsel
mit Schicksalsgenossen? Spätere gemeinsame Freizeitgestaltung
nicht ausgeschlossen. Ernste Zuschriften erbeten unter „Caesar
1960".

73

Sehr geehrte QUICK,

folgende Meldung des Bundespostministeriums lässt unsere Herzen höherschlagen: Die Mannschaft der Deutschen Bundespost hat am 29. Mai 1960 in Opatija (Jugoslawien) den IX. Internationalen Marsch der Briefträger gewonnen. Unsere Freude ist groß, lud man uns doch früher nie dazu ein, im Auslande zu marschieren! Vielmehr zeigte man für unsere erstaunliche Begabung auf diesem Gebiet selten das richtige Verständnis und bereitete uns bei der Ausübung der erwähnten Disziplin häufig die größten Unannehmlichkeiten. Sicher hat man jetzt die Tatsache eingesehen, dass echte Talente auf die Dauer unverwüstlich sind. Das freudige postalische Ereignis von Opatija zeigt, dass wir auf dem richtigen Wege sind. Wir wollen fleißig weitermarschieren. Vielleicht liegt unsere Zukunft im Marsch! Auf unseren obersten Postherrn und die stolze Bundespost ein dreifaches Hurra – Hurra – Hurra!

Rührt Euch

LORIOT

Der „oberste Postherr" war CSU-Politiker Richard Stücklen, Bundesminister für das Post- und Fernmeldewesen von 1957 bis 1966.

Sehr geehrte QUICK,

kürzlich veröffentlichten Sie eine
taghelle Luftaufnahme der Halb-
insel Manhattan, die bei nächtlicher
Finsternis mit Hilfe von Ultrarot-
strahlen gemacht worden war.

Das Datum dieser Erfindung wird als Wendepunkt in die Geschichte
der deutschen Touristik eingehen. Täglich ereilt uns am geliebten
Urlaubsziel der schmerzliche Augenblick, in dem wir durch den
Einbruch der Dunkelheit gezwungen sind, das trunkene Urlaubs-
auge von der Kamera zu lösen, um acht Stunden in quälender
Motivlosigkeit dahinzudämmern. Dieser unerträgliche Zustand
hat nun ein Ende gefunden. Durch Ultrarot-Fotografie entwickeln
wir feinkörnigsten Ferienfrohsinn im neuen 24-Stunden-Rhythmus.
Ich verbleibe mit

> Blende 8 und 1/50
> Ihr sehr ergebener
>
> *LORIOT*

PS: Nebenstehend eine Aufnahme der Hauptpost von Rom
gegen zwei Uhr nachts. Es wurde allerdings noch das alte
Material verwendet.

Loriot bezieht sich auf den Artikel *Die Foto-Zukunft hat schon begonnen*,
in: *Quick*, Nr. 26, 25. Juni 1960.

Sehr geehrte QUICK,

es ist mir nicht länger möglich, eine Gefahr zu verschweigen, an der unser Familienminister offensichtlich achtlos vorübergegangen ist. Die weiblichen Schaufensterpuppen führender Konfektionshäuser haben in einer Weise an Liebreiz zugenommen, die als öffentliche Anfechtung betrachtet werden muss. Der Anblick dieser lebensnah gestrafften Oberweiten und kokett geschürzten BB-Lippen ist, ohne Aussicht auf Gegenliebe, eine zusätzliche quälende Belastung der beruflich sowieso schwer ringenden Herrenwelt. Wer von uns könnte täglich Stunden vor einem Schaufenster zubringen, um der Geliebten nah zu sein, die weder telefonisch noch sonst wie erreichbar ist? Wir Männer sind von Haus aus primitive, unkomplizierte Naturen und entwickeln nur wenig Widerstand bezüglich weiblicher Reize. Wir müssen daher gegen fahrlässige Irreführung unserer amourösen Anlagen aufs schärfste protestieren! Man mag über die erotische Entwicklung der Bundesrepublik denken, wie man will: Das süße Leben in der Abteilung für Damenkonfektion bleibt eine Gefahr für die deutsche Familie.

Hochachtungsvoll

LORIOT

BB steht für Brigitte Bardot, französische Schauspielerin und Sexsymbol.

Pfeil: die neue 20-Pfennig-Marke
in Originalgröße, mit einer Abbildung des Walchensee-Kraftwerkes

Sehr geehrte QUICK,

der Bundespräsident möchte keine Briefmarke sein! Eine schreckliche Ahnung wurde damit zur Gewissheit: Unsere Post ist kopflos
geworden. Nun plant sie, uns mit Heimatbildern zu entschädigen.

Die Gründe für das ablehnende Verhalten des Bundespräsidenten
dürften in den Maßnahmen des Postministers zu suchen sein,
der sich kürzlich anhand des Telefonbuches als Raumspargenie
erwiesen hat. Minister Stücklen wollte es sich wahrscheinlich
nicht nehmen lassen, die neue Bundes-Briefmarke in ein Sparformat
mit der Aufschrift „D. BuPo 20 Pf." zu zerstückeln. Man muss
verstehen, dass der Bundespräsident auf sein Briefmarkenporträt
verzichtet, wenn er mit bloßem Auge nicht erkennbar ist. Dennoch
wird der national gesinnte Briefschreiber deutscher Zunge den
Entschluss unseres Landesvaters bedauern. Es kann ihm nicht
gleichgültig sein, ob er an der Rückseite des Hamburger Rathauses
leckt oder im Bewusstsein bürgerlicher Pflichterfüllung ein
Staatsoberhaupt anfeuchtet.

Hochachtungsvoll!

Gemeint ist Heinrich Lübke, Bundespräsident von 1959 bis 1969. Loriot bezieht sich auf den
Bericht *Bitte, keine Köpfe,* in: *Quick,* Nr. 5, 30. Januar 1960.

Das Münchner Telefonbuch des Jahres 1960 enthielt so viele unverständliche Kürzungen, dass
Bundespostminister Richard Stücklen unter dem Druck der Beschwerden schließlich im Juni
versprach, alle Kürzungen „eigenhändig zu Gunsten der Ausgabe 1961 wieder zu eliminieren".
(Zit. nach: *Der Spiegel,* Nr. 25 vom 15. Juni 1960)

SEHR GEEHRTE QUICK,
HERZLICHE GRÜSSE AUS DEM
URLAUB. WIE GEHT ES IHNEN?
MIR GEHT ES GUT. ES IST
ZU SCHÖN, MAL IN RUHE
ZEITUNGEN ZU LESEN.
ZU HAUSE IST MAN JA
IMMER SO IN HETZE. HEU-
TE MORGEN LAS ICH ETWAS
SEHR INTERESSANTES ÜBER
DIE GEFÄHRLICHE KRISE AM
KONGO. DANN HAT ES GE-
REGNET. VERBLÜFFEND
AUCH, WIE SICH DURCH
KUBA DIE WELTLAGE

Postkarte

AN DIE

QUICK

MÜNCHEN 2

BRIENNERSTR. 26
3/2

Straße, Hausnummer, Gebäudeteil, Stockwerk oder Postschließfachnummer,
bei Untermietern auch Name des Vermieters

8,0 × 3,5

ZUSPITZT. DAS WAR HEUTE MITTAG. DANN
HAT ES GEREGNET. BEIM KAFFEE STIESS
ICH AUF BLUTIGE ZUSAMMENSTÖSSE IM ZU -
SAMMENHANG MIT DEM SÜDAFRIKANISCHEN
RASSENPROBLEM IN DREI FORTSETZUNGSBERICHTEN.
EINE HERVORRAGENDE FOTO-REPORTAGE ÜBER
DEN KATASTROPHALEN BEVÖLKERUNGSZUWACHS
DER CHINESEN LAS ICH IM FREIEN, DA ES NUR
MÄSSIG REGNETE. ERSTAUNLICH, WAS ICH NOCH
VOR DEM ABENDESSEN ÜBER DEN VORSPRUNG DER
SOWJETISCHEN RAKETEN-RÜSTUNG ERFUHR. ES IST
DOCH ZU SCHÖN, ENDLICH MAL IN RUHE ZEITUNGEN
ZU LESEN!   HOCHACHTUNGSVOLL LORIOT

Am 8. Juli entsandte die belgische Regierung Truppen in ihre frühere Kolonie Kongo, die am 30. Juni unabhängige Republik geworden war.

Am 6. Juli 1960 hatte US-Präsident Dwight D. Eisenhower wegen der Enteignung amerikanischer Ölfirmen auf Kuba eine Importblockade für kubanischen Zucker verhängt. Am 9. Juli erklärte Nikita Chruschtschow, dass er Kuba im Falle eines militärischen Eingreifens der USA mit sowjetischen Raketen verteidigen würde.

Nach dem Massaker von Sharpeville, bei dem am 21. März 1960 69 schwarze Demonstranten erschossen worden waren, wurde am 30. März 1960 in Südafrika der Ausnahmezustand verhängt. Die zuvor friedlichen Proteste gegen das Apartheid-Regime wurden radikalisiert, und blutige Unruhen waren an der Tagesordnung.

Ein wissenschaftliches Institut in Taipeh war nach langer Ermittlungsarbeit zu dem Schluss gekommen, dass Rotchina höchstens 375 Millionen Einwohner habe und nicht, wie von Peking behauptet, 600 bis 650 Millionen. Die rotchinesische Regierung verkündete daraufhin, dass es allein auf dem Lande 24 000 Volkskommunen mit durchschnittlich 20 000 bis 100 000 Mitgliedern gäbe, was schon bei 40 000 Mitgliedern je Kommune eine Bevölkerungszahl von 960 Millionen ergäbe, wenn man die etwa 100 Millionen Stadtbewohner nicht mitrechnen würde. (Vgl. *Die Zeit*, Nr. 28, 8. Juli 1960)

Am 6. Juli meldete die *Prawda* den erfolgreichen Abschluss eines mehrwöchigen Raketenflugs mit zwei Hunden und einem Kaninchen an Bord, die unversehrt zur Erde zurückgekehrt waren.

Sehr geehrte QUICK,

meine jahrelange, gleichmäßige Arbeit in Ihrem Hause hat eine tragische Folgeerscheinung: Meine Hosen sind mir zu eng geworden. Vielleicht sind Sie imstande, dieser Mitteilung die nötige Bedeutung beizumessen, wenn ich Ihnen versichere, dass ich dadurch meiner Lebensfreude weitgehend beraubt bin. Das ständige Baucheinziehen lässt mir nur wenig Zeit für andere Dinge. Atmen, sprechen und sitzen kann ich nur noch im Nachthemd. (Diese Zeilen schreibe ich im Stehen bei angehaltener Luft.) Sorgfältige Prüfung der Hosennähte ergab die einschneidende Erkenntnis, dass stofflich hier schon alle Möglichkeiten erschöpft worden waren. Meine Bemühungen, die Sache durch Fortfall der Hauptmahlzeiten körperlich zu korrigieren, brachten mir das Gespött meiner Bekannten und in sechs Wochen 110 Gramm Gewichtsverlust ein. Ich könnte mir andere Hosen kaufen, aber meine sind noch wie neu. Ich mache mich daher zum Wortführer einer Bewegung, die in Anlehnung an den untersten Westenknopf auch den g e ö f f n e t e n o b e r s t e n H o s e n k n o p f zur Pflicht und damit zum modischen Ausdruck einer Politik der Entspannung erhebt.

Hochachtungsvoll

Sehr geehrte QUICK!

Kinder sind gern laut, am liebsten sehr laut. Insbesondere lieben
Knaben alles, was knallt. Das ist eine Frage des Alters und lässt
mit zunehmender Reife nach. Wenn ich diese Erfahrung zugrunde
lege, kann der Düsenpilot, den ich neulich akustisch kennenlernte,
nicht älter als sieben bis acht Jahre gewesen sein. Er durchbrach in
aufreizender Unverschämtheit die über meinem Haus befindliche
Schallmauer und verursachte dabei einen Knall, der als überwältigend
bezeichnet werden muss. Der Knabe hätte mir ebenso gut die
stumpfe Seite einer Axt an die Stirn schmettern können. Erwachsene
tun so was nicht. Es m u s s ein Kind gewesen sein, irgend so ein
flegelhafter Sprössling reicher Eltern, der nichts als Dummheiten
im Kopf hat. Ich war nicht vollständig angezogen und weder
willens noch in der Lage, dem Rüpel mit Schallgeschwindigkeit
hinterherzulaufen. Aber wenn ich ihn kriege, werde ich ihm
seine Krawalldüse so lange um die Ohren knallen, bis er weiß,
wie sich ein anständiger kleiner Junge zu benehmen hat.

Hochachtungsvoll

LORIOT

Im April 1960 startete die Lufthansa ins Jet-Zeitalter. Vorher gab es keinen nennenswerten
Fluglärm, waren doch ausschließlich Propellermaschinen mit Kolbenmotor im Interkontinental-
verkehr im Einsatz gewesen.

Rollenfotos von Curd Jürgens als

Rich. Wagner	Goethe	Caruso
Adenauer	Thomas Mann	Donald Duck
Armin Hary	Ludendorff	Van Gogh

80 Quick 39, S. 2
24. September 1960

Sehr geehrte QUICK!

Die *Wernher-von-Braun-Story* ist angelaufen, und wir wissen nun, dass Curd Jürgens nach den Sternchen greift. Wie man aus zuverlässiger Quelle erfährt, wurden als Nächste der Schwedenkönig Gustav Adolf und Frauenarzt Dr. Wohlgemuth auserkoren, in die Maske von Curd Jürgens zu schlüpfen. Wir dürfen hoffen, dass wir damit erst am Anfang der geschichtlichen Entwicklung unseres Verwandlungskünstlers stehen. Wir fiebern dem Tage entgegen, an dem Curd Jürgens in der *Armin-Hary-Story* vom Startblock schnellt, um bald darauf auch als Konrad Adenauer die Herzen unserer Jugend höherschlagen zu lassen. Mit einigem Fleiß sollte es der deutschen Filmproduktion gelingen, die verwirrende Vielfalt der großen Persönlichkeiten in den markanten Zügen von Curd Jürgens zu konzentrieren und somit eine volkstümliche Vereinfachung unseres Geschichtsbildes einzuleiten. Dennoch schwebt ein Hauch von Tragik über Curds historischer Sendung: Die Verkörperung von Soraya und der heiligen Johanna wird ihm für immer verwehrt bleiben.

Hochachtungsvoll

LORIOT

Curd Jürgens spielt in *Wernher von Braun – Ich greife nach den Sternen* den berühmten deutschen Raketenforscher, außerdem in *Gustav Adolfs Page* den titelgebenden Schwedenkönig. Beide Filme kamen 1960 in die deutschen Kinos.

Wolfgang Wohlgemuth war nicht nur Chirurg, Frauenarzt und Jazztrompeter, sondern auch für den sowjetischen Geheimdienst KGB tätig. Er kam zu zweifelhaftem Ruhm, als er – angeblich – am 20. Juli 1954 Otto John, den ersten Präsidenten des Bundesamts für Verfassungsschutz, nach Ost-Berlin entführte. Im Dezember 1959 gab der deutsche Filmproduzent Artur Brauner ein Drehbuch über Wohlgemuths Lebensgeschichte in Auftrag und verhandelte mit Curd Jürgens über die Hauptrolle (vgl. *Quick*, Nr. 47, 19. November 1960), der Film kam aber nie zustande.

Der deutsche Sprinter Armin Hary hatte Anfang September 1960 bei den Olympischen Spielen in Rom die Goldmedaille im 100-m-Lauf und in der 4 x 100-m-Staffel gewonnen.

Soraya Esfandiary Bakhtiary war von 1951 bis 1958 die Ehefrau von Schah Mohammad Reza Pahlavi und Königin von Persien.

Sehr geehrte QUICK,

vor etwa vier Jahren kaufte ich eine elektrische Nähmaschine, eine Spitzenleistung neuzeitlicher Nähmaschinenkonstruktion und sehr teuer. Ich selbst nähe nicht, benötigte sie jedoch zur technischen Vervollkommnung meines Haushaltes. Als ich sie dieser Tage der Herstellerfirma zur Reparatur überbrachte, stand Verachtung im Gesicht des zuständigen Herrn. Dieses Gerät sei veraltet, sagte er, und für alle, die ernsthaft nähen wollten, käme nur das jetzige Modell in Frage, eine Spitzenleistung neuzeitlicher Nähmaschinenkonstruktion. Es sei doppelt fermentiert, atmungsaktiv, mit Chlorophyll, Irium und X-Faktor. Es verleihe zudem durch die tiefenwirksame Trapezlinie ein neues Nähgefühl. Oder so ähnlich. Ich brauche nur DM 650,– dazuzulegen und sei (unter Verrechnung der alten Maschine) sofort im Besitz dieses Haushaltswunders. Ich verließ den fortschrittlichen Herrn, an Leib und Seele gebrochen. Ich wagte ihm nicht mehr zu sagen, dass mein Rasierapparat noch ohne Atomantrieb arbeitet, Eisschrank, Toaströster und Radio in den vorsintflutlichen Jahren um 1957 erworben wurden und meine Frau aus dem Jahre 1929 stammt. Ich bin ein lebender Anachronismus, ein Höhlenmensch im zwanzigsten Jahrhundert!

Hochachtungsvoll

LORIOT

Sehr geehrte QUICK,

die hinter uns liegende Saison hat endgültig bewiesen, dass dem
Hochleistungssportler unserer Tage von neuer Seite eine Gefahr
droht, die bisher unbekannt war. Das gefürchtete Sportherz ist
nichts gegen den nach Olympischen Spielen auftretenden unwider-
stehlichen Drang, beruflich zu s i n g e n. Kaum hing das begehrte
Edelmetall dem unglücklichen Carl Kaufmann an der Kehle,
schon rutschte es offenbar in dieselbe. Ähnlich ging es schon
Toni Sailer, Bubi Scholz und anderen. Es gibt wohl kein Mittel
dagegen. Furchtbar muss das sein. Übrigens rechne ich mir für die
nächsten Olympischen Spiele eine Chance aus. Auf der verwaisten
Aschenbahn werde ich die 400 Meter in knapp zehn Minuten
laufen und die Goldmedaille gewinnen. Dann singe ich meinet-
wegen auch.

Hochachtungsvoll

LORIOT

Der deutsche 400-m-Läufer Carl Kaufmann hatte am 6. September 1960 bei den Olympischen
Spielen in Rom in Weltrekordzeit die Silbermedaille gewonnen (der Goldmedaillengewinner,
Otis Davis, konnte nur anhand des Zielfotos bestimmt werden) und war auch mit der deutschen
4 x 400-m-Staffel auf dem zweiten Platz gelandet. Kurz vor den Spielen hatte er noch schnell
seinen ersten Schlager, *Amor läuft mit,* auf Schallplatte eingesungen.

Der deutsche Box-Europameister im Mittelgewicht Bubi Scholz hatte 1959 mehrere Schlager
aufgenommen.

Sehr geehrte QUICK,

der Präsident des Deutschen Vulkanisierhandwerks hat sich
kürzlich in Essen missbilligend über einige Fabrikate deutscher
Autoreifen geäußert. Sie seien zu haltbar, sagte er, und man müsse
Richtlinien darüber erlassen, welche Qualität nicht überschritten
werden dürfe. Sonst führen die Kunden zu gut und die Vulkaniseure
zu schlecht. Recht so, hier muss ein Ausgleich geschaffen werden.
Welcher deutsche Autofahrer würde nicht ein paar warme Worte
des Verständnisses für das deutsche Vulkanisierhandwerk finden,
wenn ihm bei hundert Stundenkilometern deutsche Wertarbeit in
Form von Autoreifen um die Ohren fliegt. Aber warum auf halbem
Wege stehen bleiben? Ich fordere im Sinne der Textilwirtschaft die
deutsche Einheitshose, die sich rasch durchsitzt, Unterwäsche, die
ausleiert, Hemden, die einlaufen. Ich mache mich zum Wortführer
der technischen Industrie und verlange die Herstellung schnell
durchbrennender Fernsehröhren und Glühbirnen, kurzlebiger
Bügeleisen, Nähmaschinen, Toaströster, Küchenmaschinen und
Haushaltsgeräte aller Art. Ich erwarte darüber hinaus die Solidarität
des Baugewerbes, das diese großangelegte Aktion sicher gern mit
der Errichtung von öffentlichen und privaten Gebäuden krönt, die
durch ständige Einsturzgefahr Generationen von Handwerkern
Arbeit und Brot verschaffen. Und wenn wir hoffen dürfen, dass sich
auch die Hersteller von Möbeln verpflichten, ihre Fabrikate so
herzustellen, dass die Kundschaft familienweise mit ihnen zusam-
menbricht, können wir sicher sein, dass der deutsche Name im
Ausland wieder Weltgeltung erlangt, jene Weltgeltung, die uns
aufgrund unseres unermüdlichen Fleißes zusteht.

Hochachtungsvoll

LORIOT

Vgl. *Verschwendungswirtschaft*, in: *Die Zeit*, Nr. 47, 18. November 1960: „Kürzlich fand der
Präsident des Vulkanisiergewerbes bemerkenswerte Dankesworte, in denen er treuherzig
um schlechtere Reifen bat."

Sehr geehrte QUICK,

wenn es stimmt, dass sich der Meister erst in der Beschränkung
zeigt, ragen zweifellos die Häupter unserer Verkehrspolizei in
einsame Höhen meisterhafter Vollendung. Auf der Autobahn
Salzburg–München beschränkte die Polizei an Wochenenden
die Höchstgeschwindigkeit auf sechzig Kilometer (pro Stunde!).
Das ist eine weise Tat. Nun kommt der Fahrer endlich zum beschaulichen Genießen dieser landschaftlich zu reizvollen Strecke.
Höhere Geschwindigkeiten zwingen den Blick nur auf die eintönige
Fahrbahn, und ein Aufprall auf den Vordermann ist bei sechzig
Stundenkilometern ja kein Beinbruch. Endlich hat die Polizei
das Postkutschentempo für die Autobahn entdeckt und damit dem
kalten technischen Fortschritt mutig Einhalt geboten. Sicher
wird der Zauber der Romantik bald auch in den Uniformen unserer
Ordnungshüter Ausdruck finden. Bunte Federbüschel wären
hübsch, Schnauzbärte, weiße Pumphosen mit Knöpfgamaschen,
Schnallenschuhe und als Bewaffnung ein Blasrohr. Friede im
Verkehr! Fern jeder falschen Hast schleichen wir der Vergangenheit entgegen. Beschränkt, aber glücklich.

    Hochachtungsvoll

    LORIOT

Quick 51, S. 2/3
17. Dezember 1960

Sehr geehrte QUICK!

Offensichtlich fühlen wir Deutschen uns zu Höherem berufen,
denn nur noch sehr vereinzelt findet man hierzulande jemanden,
der in der Bedienung seines Mitmenschen berufliche Befriedigung
findet. Glücklicherweise haben wir jedoch einen Nachbarn,
der nicht ausschließlich aus Führernaturen besteht. Italienische
Herren und Damen haben sich zu Abertausenden in der Bundesrepublik eingefunden, um aufzuräumen, abzuwaschen, Stiefel
zu putzen, zu servieren und Straßen auszubessern. Leider sind
sie jedoch der hiesigen Sprache nicht mächtig. So brachte mir
der italienische Ober eines Stuttgarter Speiselokals statt eines
Wiener Schnitzels vier Eier im Glas, bestrich infolge eines weiteren
Missverständnisses mein Rumpsteak mit Orangenkonfitüre und
öffnete, als ich um die Rechnung bat, augenblicklich eine Flasche
Champagner. Ich verließ meinen flinken Neapolitaner dennoch
im Hochgefühl des verwöhnten Gastes, denn er verrichtete seine
Arbeit mit jener heiteren romanischen Noblesse, die in seiner
Heimat selbst Putzfrauen den Hauch des Königlichen verleiht.

Hochachtungsvoll

LORIOT

1958 eröffnete die Bundesanstalt für Arbeitsvermittlung im Kampf gegen den Arbeitskräftemangel
Werbebüros in Verona, Neapel, Madrid und Athen. Seitdem strömten ausländische Arbeitskräfte
ins Land. Im Oktober 1960 wurden bereits 280000 Gastarbeiter, darunter 122000 Italiener,
gezählt. (Vgl. *Noch nie ging es Antonio so gut*, in: *Die Zeit*, Nr. 42, 14. Oktober 1960)

181

Sehr geehrte QUICK!

Wir wollen nicht die Augen vor der Tatsache verschließen, dass es vielerorts in der Welt noch nicht zum Besten steht. Da gibt es blutige Unruhen und dort Naturkatastrophen, Tyrannei und Hungersnot. Aber es muss einmal gesagt werden: Auch bei uns hat jüngst das Schicksal unbarmherzig zugeschlagen. Vor kurzem ging ein Aufschrei durch die Tagespresse. Echter Kaviar war knapp geworden! Da hatte man es wieder. Kaum stellt man sich auf normale Zeiten ein, schon wird wieder irgendwas knapp. Was ist das für ein Wirtschaftswunder, wo man als gebildeter Mensch nach Kaviar anstehen muss? Warum ist nicht Schwarzbrot knapp und Ähnliches, was man nicht so benötigt? Ja, ja, ich weiß, die Russen sind schuld. Die haben den Kaviar mit Borsäure konserviert. Aber ich bitte Sie, wohin soll es denn noch kommen, wenn die Russen bereits gegen unsere Lebensmittelgesetze verstoßen! Werden wir zum Spielball fremder Willkür? Das mit der Sowjetzone ist an sich schon unerhört, aber bei Kaviar ist Schluss mit der Gemütlichkeit. Schließlich muss man ja irgendwo eine Grenze ziehen. Sonst vermiesen uns eines Tages die Franzosen noch den Champagner, und wir können die Austern trocken runterwürgen. Glücklicherweise ging es diesmal glimpflich ab. Die Perser wollen jetzt mit borsäurefreier Ware einspringen, und für Kaviar ist wieder grünes Licht in der bundesdeutschen Speiseröhre.

Hochachtungsvoll

LORIOT

Am 6. November 1958 verabschiedete der Deutsche Bundestag eine Neufassung des Lebensmittelgesetzes, die erstmals den Zusatz von Fremdstoffen wie Borsäure, mit der Kaviar und Krabben zuvor generell konserviert wurden, grundsätzlich verbot.

Sehr geehrte QUICK,

eine Maus namens Amy ist kürzlich in San Antonio (USA) Mutter von sechs Mäuschen geworden. Die Mäusin Sally ebenfalls. Die Namen der Väter sind nicht genannt. Ich will nicht indiskret sein: Es handelt sich in beiden Fällen um denselben Vater. Nun wäre dieses ganze Vorkommnis bei Mäusen nichts Außergewöhnliches, wenn es sich nicht um eine Mäusefamilie handelte, die vor einem Vierteljahr zu dritt mit dem neuesten Discoverer-Satelliten tausend Kilometer hoch in den Weltraum geschossen wurde. Uns, als künftigen Weltraumpassagieren, drängt sich die Frage auf, was die Tierchen unter diesen ungewöhnlichen Umständen bewogen haben mag, sich so kühn zu vermehren. Geschah es aus Verzweiflung, Unkenntnis oder purer Fahrlässigkeit? Aus Verantwortungsbewusstsein oder einfach nur so? Man weiß es nicht. Fest steht nun jedoch, dass die Vermehrung der Menschheit durch den Vorstoß ins All nicht gehemmt wird. Im Gegenteil, wenn es nach Amy und Sally geht, wird unser Zuwachs schon in naher Zukunft auch auf gutwilligen fremden Planeten keinen Platz mehr finden. Wir sollten uns baldmöglichst darauf vorbereiten, in ein Mauseloch zu kriechen.

Hochachtungsvoll

LORIOT

Die drei Mäuse Amy, Sally und Moe überstanden am 13. Oktober 1960 einen Raumflug in 1100 km Höhe. Am 22. Dezember 1960 meldete die Tageszeitung *Pottstown Mercury* die Mutterschaft von Amy und die bevorstehende Niederkunft von Sally.

Sehr geehrte QUICK!

Die britische Presse berichtete kürzlich von einem Industriellen, der für diese Sommersaison eine Überraschung besonderer Art bereithält: das Sporthemd aus Papier. Vorbei ist das wochenlange Tragen dunkel getönter Gebrauchsware, vorbei das Einweichen weißer Sonntagshemden. Es winkt das waschfreie weiße Hemd unter der Devise „ausziehen – wegwerfen" und damit der Anschluss an die große Welt. Zwar kommen wir noch nicht umgehend in den Genuss dieses ungewohnten Gefühls ständiger Sauberkeit und Frische, aber gewiss ist der Tag nicht mehr fern, an dem wir neben Zigaretten, Schokolade und Kaugummi auch unsere Unterwäsche aus dem Automaten ziehen. Endlich sind wir unabhängig von Gattin und Eigenheim. Auf dem Bahnhof, im Kaufhaus, in der Gaststätte, auf städtischen Plätzen, in Straßen und Grünanlagen, kurz, an allen Brennpunkten des Verkehrs, können wir nach Münzeinwurf die Wäsche wechseln. Unser Leben hat eine scharfe hygienische Wendung genommen. Die Entwicklung der letzten Jahre ließ ahnen, dass wir großen Zeiten entgegengehen. Nun hat die Zukunft begonnen. Wir stehen in Papierhemd und -hose zum Angriff auf das Universum bereit.

Hochachtungsvoll

LORIOT

Lincoln Theismeyer, Präsident des kanadischen Pulp and Paper Research Institute, äußerte 1960 auf einem internationalen Kongress in Tokio: „Es ist möglich, dass amerikanische Männer ihre Papierhemden in Zukunft für 25 oder 50 Cents an Automaten kaufen. In nahezu jeder Hotellobby wird ein Verkaufsautomat für Papierhemden stehen." (Vgl. Kerry Seagrave, *Vending Machines, An American Social History*, 2002)

Sehr geehrte QUICK!

Die erregendste Seite des Berufslebens ist zweifellos der Urlaub. Wenn man nach vierstündiger Fahrt über vereiste Straßen den Platz hinter dem Lenkrad mit einer zufällig frei gewordenen, ungeheizten Kommodenschublade tauscht, fühlt man das andere Ich zum Durchbruch kommen. Wer eine gepflegtere Unterbringung vorzieht oder es nicht liebt, sich während seines Skiurlaubs über Nacht im Schnee zusammenzurollen, dem ist zu raten, seine Urlaubstermine etwa auf Lebenszeit vorauszuplanen. Schließlich kann man nicht erwarten, von einem Jahr auf das andere, so mir nichts, dir nichts in Österreich oder Italien ein völlig leeres Bett vorzufinden. Andrerseits müssen Sie damit rechnen, dass Sie jetzt für den 15. August 1974 in Florenz ein Zimmer mit Bad bestellen und zu diesem Termin dann gar nicht mehr baden wollen. Das soll nun anders werden. Für Herrschaften, die sich weder mit dem prickelnden Reiz des Ungewissen noch mit mehrjähriger Planung anfreunden können, wurde neuerdings ein Urlaubsziel erschlossen, wo es von freien Betten nur so wimmelt: das sonnige Sibirien. Bei bürgerlichen Preisen und günstigen klimatischen Verhältnissen in Sommer und Winter bieten sich Spazierwege von mehreren tausend Kilometern Länge. Eine reizvolle Möglichkeit für anspruchsvolle Urlauber, die nicht vorausdenken wollen. Ich persönlich stelle Sibirien vorerst noch zurück. Da kommt man immer noch hin.

Hochachtungsvoll

LORIOT

Sehr geehrte QUICK!

Das Lesen von Statistiken gehört mit Sicherheit zu den aufschluss-
reichsten Beschäftigungen unserer Tage. Bei einer Lektüre dieser
Art musste ich jüngst feststellen, dass der deutsche Mensch pro
Kopf und Jahr 7,5 Liter reinen Alkohols zu sich nimmt, jedoch im
europäischen Seifenverbrauch noch nicht einmal an sechster
Stelle steht! Das überrascht zunächst, leuchtet aber nach kurzer
Überlegung ein: Mit siebeneinhalb Litern puren Alkohols angerei-
chert, ist man hinlänglich desinfiziert. Der zusätzliche Gebrauch
von Wasser und Seife müsste als grobe luxuriöse Übertreibung
angesehen werden. Hinsichtlich unerwünschter Nebenerscheinungen
dürfen wir beruhigt sein: Der Absatz wohlriechender Essenzen hat
sich in den letzten Jahren verdreifacht. Können wir also voll Sicherheit und Selbstvertrauen in die Zukunft sehen? Wir können es nicht!
Außer kosmetischen Artikeln und 7,5 Litern Alkohol entfallen auf
den Kopf der bundesdeutschen Bevölkerung eintausendzweihundert-
siebzehn Zigaretten pro Jahr! Man bedenke: 53 Millionen Mal
siebeneinhalb Liter reiner Alkohol und eintausendzweihundert-
siebzehn brennende Zigaretten. Lasst uns Seife kaufen, solange
es noch möglich ist. Wir wollen frisch gewaschen explodieren!

Hochachtungsvoll

LORIOT

Sehr geehrte QUICK!

Ich muss mich heute in einer ernsten Sache an Sie wenden. Eine
Ihrer letzten Nummern enthielt ein Foto von mir, das Sie verkehrt
gedruckt hatten. Mein Taschentuch steckte infolgedessen nicht
links, sondern rechts im Jackett. Das wäre mir verhältnismäßig
gleichgültig, wenn nicht einige scharf blickende Leser brieflich
Ihrem Bedauern darüber Ausdruck verliehen hätten, dass ein
ständiger QUICK-Mitarbeiter bei feierlichen Anlässen (es handelte
sich um eine Ausstellungseröffnung) gezwungen sei, einen offensichtlich gewendeten, alten Anzug zu tragen. Abgesehen davon,
dass ich diesen Verdacht nicht auf der QUICK sitzenlassen möchte
und ich hiermit den wahren Sachverhalt enthülle, hat mir die Angelegenheit mit ehrfurchtsvollem Schauer die Macht der Illustrierten
verdeutlicht. Ein falsch herum gedruckter Präsident der Vereinigten
Staaten mit gewendetem Anzug auf einer Gipfelkonferenz müsste
Millionen Leser von der Dringlichkeit deutscher Finanzhilfe über-
zeugen. Auch würde ein gewendetes Bild des Bundestages, auf dem
Ollenhauer und Wehner eindeutig rechts stehen und der Bundeskanzler einem Redner der Linken begeistert Beifall zollt, tiefes
Entzücken in weite Kreise der Bevölkerung tragen. Rasches,
sauberes Wenden von Anzug und Weltanschauung für sechzig
Pfennig! Was will man mehr?

Hochachtungsvoll!

Das angesprochene Foto war abgebildet im Artikel *Kommen, sehen – lachen!*,
in: *Quick*, Nr. 7, 12. Februar 1961.

Erich Ollenhauer war von 1952 bis 1963 SPD-Parteivorsitzender und Fraktionsvorsitzender
der SPD im Deutschen Bundestag.

Herbert Wehner war von 1958 bis 1973 Stellvertretender Bundesvorsitzender der SPD.

Die *Quick* hatte gerade ihren Preis um 10 Pfennig erhöht und kostete ab Heft 12 sechzig Pfennig.

Sehr geehrte QUICK!

Einer japanischen Firma bleibt es vorbehalten, auch im engeren
bürgerlichen Kreise der Wahrheit zum Siege zu verhelfen. Für
DM 95,– wirft sie noch im April einen Taschen-Lügendetektor auf
den Markt, der alle familiären und geschäftlichen Beziehungen
bald in ungeahnter Weise läutern wird. Am zweiten und vierten
Finger des Befragten angeschlossen, gibt das Gerät mittels eines
Zeigers unbestechliche Auskunft, ob der Partner schwindelt oder
nicht. Schöne Aussichten sind das! Kaum reicht man die Hand
zum Gruße, klemmt sie am hinterhältig dargebotenen Gerät und
entlarvt den freundlich gewünschten „guten Tag" als plumpe Lüge.
Selbst die blühende Phantasie spät heimkehrender Ehemänner
oder bislang angenehme Geschäftsbeziehungen zerbrechen an der
Konsequenz eines wahrheitsliebenden Zeigefingers. Kurzum, die
Atmosphäre ist vergiftet. Kann man sich das bieten lassen? Sollen
sie doch in Japan die Wahrheit sagen, wenn es da nicht anders geht!
Wir lassen uns hier diese neumodischen Sachen nicht aufschwatzen.
Bei uns steht die Wahl vor der Tür. Unsere Politiker würden, diesen
Apparat vor Augen, kaum noch die Hände aus den Hosentaschen
nehmen. Wie sähe denn das aus? Nein, nein, wir sind Menschen
von feinerer Lebensart. Wir wissen, was sich gehört!

Hochachtungsvoll!

LORIOT

Die kalifornische Tageszeitung *The High Point Enterprise* berichtete am 7. April 1961 über dieses
„Spielzeug für Erwachsene". (Vgl. auch *Hohlspiegel*, in: *Der Spiegel*, Nr. 38, 13. September 1961)

Sehr geehrte QUICK!

Seit einiger Zeit geht eine erschreckende Wandlung in mir vor. Ich erwischte mich dabei, dass ich in der Steuererklärung wissentlich falsche Angaben machte, lenkte meinen Wagen unter Alkoholeinfluss, überfuhr eine Straßenkreuzung bei Gelb, bekämpfte in einer Buchhandlung nur mühsam die Lust zum Diebstahl, sagte noch am selben Tage in einer privaten Angelegenheit die Unwahrheit und lachte ausgelassen über die Zeitungsmeldung einer Naturkatastrophe. Das alles gab mir sehr zu denken, und fast hätte ich schon an der Güte meines Charakters gezweifelt, da las ich Ihren Artikel über den Staatsanwalt, der infolge mangelnder Gehirndurchblutung (Ursache: Arbeitsüberlastung!) am Steuer seines Wagens einschlief, einen Verkehrsunfall verursachte und als Schuldigen seinen Chef, den Staat, verklagte. Sie können sich meine Erleichterung vorstellen. Hier bricht das Recht sich Bahn! Wie ist mein moralischer Zusammenbruch anders zu erklären als mit Arbeitsüberlastung? Ich teile daher dem QUICK-Verlag hierdurch mit, dass ich einen 6-(sechs-)monatigen bezahlten Urlaub antreten werde, um mein Gehirn recht gleichmäßig durchbluten zu lassen. Andernfalls bilde ich eine Gefahr für die Allgemeinheit. Vielleicht beraube ich Rentner oder errege ein öffentliches Ärgernis. Gleichviel – die Schuld tragen Sie!

Hochachtungsvoll

Loriot bezieht sich auf den Artikel *Wenn die Arbeit zu viel wird: Wer muss den Menschen schützen?*, in: *Quick*, Nr. 15, 9. April 1961.

Sehr geehrte QUICK!

Der Dienst am Kunden hat eine erneute Bereicherung erfahren. In einem Frankfurter Warenhaus wird neben einem Stand mit Damenunterwäsche ein Flugzeug feilgeboten. Der Damenslip ist, je nach Qualität, für DM 1,25 oder 1,45 erhältlich, die Sportmaschine vom Typ Tipsy Nipper (40 PS, 140 Stundenkilometer) für DM 14 500. Hier handelt ein verdienstvoller Kaufhausleiter getreu nach der Devise „einkaufen – leicht gemacht". Während man früher zum Einkauf eines Flugzeuges ein entlegenes Spezialgeschäft aufsuchen und samstags womöglich längere Zeit anstehen musste, wird man hier im Rahmen der üblichen Besorgungen sofort bedient. Man fliegt sicherheitshalber über den Schlüpfern ein paar Proberunden, ehe man neben der Kasse zur Landung ansetzt und die vierzehntausend Piepen auf den Tisch blättert. Allerdings bereitet das Verlassen der Einkaufsstätte durch die Drehtür im Flugzeug auch bei hohem fliegerischen Können gewisse Schwierigkeiten. Anzuraten ist deshalb die Mitnahme der zerlegten Maschine in etwa zweihundertfünfzig bis dreihundert handlichen Päckchen. Ferner sollte man bedenken, dass dieses Modell mit einem Verbrauch von sieben Litern pro

Stunde eine Höhe von 3650 Metern erreicht. Das ist, besonders im Flachlande, auch mit dem besten VW nicht möglich. Abschließend sei bemerkt, dass beim Einkauf mehrerer Flugzeuge mit einem Mengenrabatt zu rechnen ist, der dem Gegenwert von einigen tausend Damenschlüpfern entspricht. Machen Sie also Ihrer Gattin die Freude und kaufen Sie Flugzeuge, solange der Vorrat reicht. Die technische Entwicklung ist ohnehin nicht aufzuhalten, und Sie wollen doch nicht abseitsstehen, wenn wir alle durch die Luft fliegen!

Hochachtungsvoll

LORIOT

Sehr geehrte QUICK!

Wie ich Ihnen bereits mitteilte, befinde ich mich zurzeit in
New York. Was ich Ihnen nicht mitteilte, ist die beschämende
Tatsache, dass ich hinsichtlich der hiesigen Landessprache auf
den gelegentlichen Gebrauch eines Buches angewiesen bin,
in dem die wichtigsten Begriffe zu rascher Verständigung über-
sichtlich beieinanderstehen. Schon unmittelbar nach Betreten
amerikanischen Bodens war ich aus gesundheitlichen Gründen
gezwungen, fieberhaft in meinem Sprachführer nach dem Wort
„Apotheke" zu blättern. Vergeblich. Das erstaunliche Werk enthielt
dafür unter A das Wort „Alpenglühen" und im Kapitel „Arzt" die
Sätze „Da hilft nichts mehr" und „Sie sollten einen Spezialisten
zurate ziehen, zum Beispiel Doktor Nichols". Es half also nichts,
ich verzichtete auf die Apotheke einschließlich Doktor Nichols und
begann, mich widerstrebend mit der einheimischen Bevölkerung
über Alpenglühen zu unterhalten. Ich habe dem genialen Schöpfer
meines Sprachführers viel abzubitten, denn ich bin seither
unbestrittener Mittelpunkt jeder Geselligkeit. Schon nach kurzem
Aufenthalt in den USA ist mir schmerzhaft klargeworden, dass
wir als Mitteleuropäer der Neuen Welt nichts mehr von Bedeutung
mitzuteilen haben. Nur unsere Alpen bei Abend – das macht uns
so leicht keiner nach! Kopf hoch, Europa, wir haben noch ein
Wörtchen mitzureden, und das heißt „Alpenglühen"!

Hochachtungsvoll

LORIOT

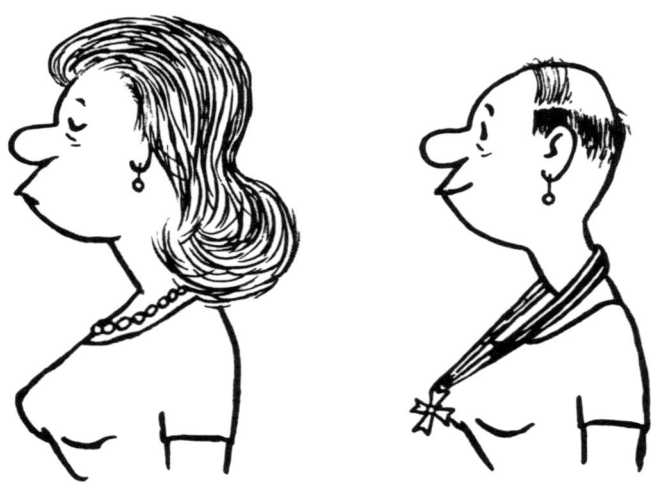

Frau Elfriede K. aus Castrop-Rauxel vor Beginn ihrer beruflichen Karriere und als Aufsichtsratsvorsitzende nach Verleihung des Bundesverdienstkreuzes

Quick 26, S. 2/3
25. Juni 1961

Sehr geehrte QUICK!

Der New Yorker Haarforscher Dr. Irwin Lubowe stellte fest, dass Frauen in verantwortungsvoller beruflicher Tätigkeit zu Haarausfall neigen. Der Siegeszug der Frau im Kampf gegen die männlichen Vorrechte hat damit seine Krönung erfahren. Eines der letzten Merkmale zur Unterscheidung von Herren und Damen, das letzte Zeichen reifer Männlichkeit, ist unwiederbringlich dahin. Bald werden wir an allen Brennpunkten deutschen Fleißes, in den führenden Positionen von Wirtschaft und Industrie unsere Lebenskameradinnen sehen, wie sie kahlen Hauptes, Seite an Seite und Brust an Brust mit ihren männlichen Kollegen vom Aufsichtsrat, den Kampf um den Reingewinn führen. Früher waren sie Außenseiter. Jetzt, nach Befreiung vom lästigen Haarschmuck, sind sie eine würdige Bereicherung des geschäftlichen Verkehrs. Der kahle Kopf als Zeichen selbstlosen Arbeitseinsatzes ist das feste Bindeglied zwischen den intellektuellen Werktätigen beiderlei Geschlechts. Und wenn in nicht allzu ferner Zukunft die deutsche Frau einen kräftigen deutschen Schnurrbart auf der Oberlippe trägt, dürfen wir mit Recht behaupten: Es ist erreicht!

Hochachtungsvoll

LORIOT

Vgl. *Frauen müssen Haare lassen*, in: *Die Zeit*, Nr. 8, 17. Februar 1961: „Zurzeit verlieren fünfzehn bis zwanzig von hundert Frauen ihr Haar bereits vom fünfzehnten Lebensjahr an, und in zehn Jahren wird eine von drei Frauen kahl sein, meint der New Yorker Hautspezialist Dr. Irwin Lubowe. Falsche Ernährung und die nervöse Anspannung des modernen Lebens sollen schuld an dieser Erscheinung sein."

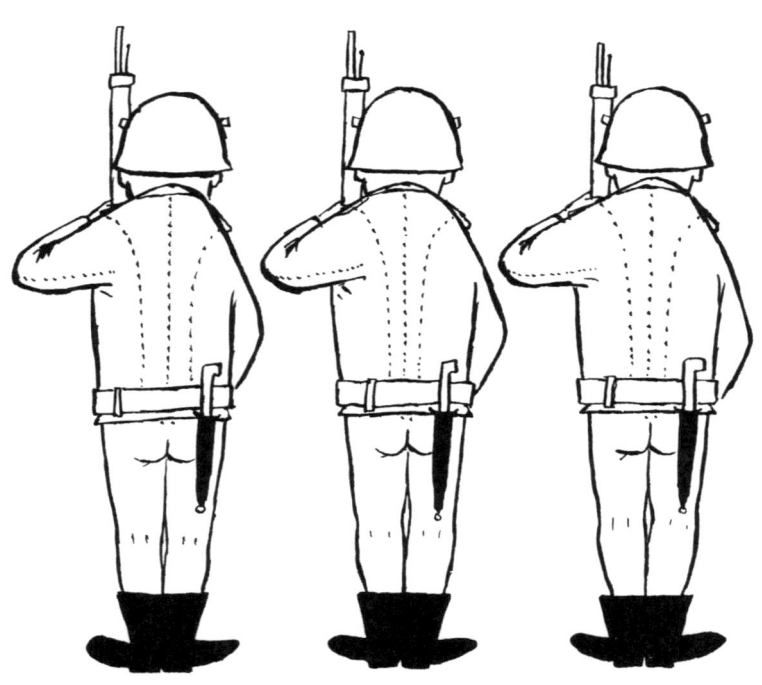

Sehr geehrte QUICK!

Einer Aufstellung, die kürzlich dem Ausschuss des amerikanischen
Repräsentantenhauses vorgelegt wurde, ist zu entnehmen, dass
die amerikanische Armee 666 000 Dollar, also über zweieinhalb
Millionen DM, allein durch den kühnen Entschluss eingespart hat,
an den Uniformhosen keine Uhrentäschchen mehr anzubringen.
Auf dem Haushaltssektor unserer westlichen Verteidigungsgemein-
schaft wurde somit eine Schlacht gewonnen, die manche außenpolitische Schlappe der letzten Zeit vergessen lässt. Auf der Strecke
blieb das Uhrentäschchen. Das macht uns stolz und erlaubt einen
hoffnungsfrohen Blick in die Zukunft. Zwar wissen unter den
Soldaten nur noch die Träger von Armbanduhren, was die Stunde
geschlagen hat, aber wem schlägt nicht bei zweieinhalb Millionen
DM im Brustbeutel das Herz höher? Auch unsere Bundeswehr wird
sich diese Überlegung zu eigen machen, jedoch nicht auf halbem
Wege stehen bleiben. Gewiss liebäugelt sie bereits mit dem Gedanken,
dass durch den Fortfall der g a n z e n Hose Werte frei werden,
die, im Rahmen der NATO richtig eingesetzt, das Abendland mit
Sicherheit vor dem Untergang bewahren. Wo kommen wir
schließlich hin, wenn ein großer Teil unseres Verteidigungs-
beitrages in die Hose geht!

Hochachtungsvoll

LORIOT

Mit „manche außenpolitische Schlappe" ist zum einen die von den USA organisierte, aber ge-
scheiterte Invasion in der Schweinebucht am 17. April 1961 gemeint, zum anderen der Umstand,
dass die Sowjetunion am 12. April 1961 mit Juri Gagarin den ersten Menschen in den Weltraum
geschickt hatte.

Siehe Leserbrief von Emil Baeck, S. 245.

Sehr geehrte QUICK!

Ist Ihnen eigentlich schon aufgefallen, dass vielen Großstadt-
menschen bei Hitze außerhalb des Urlaubs der Sinn für korrekte
Kleidung fehlt? Entgegen allen modischen Gesetzen stören diese
Träger langer Hosen und Kleider das einheitliche, lebensbejahende
Straßenbild. Allmählich sollte doch allen durch viele verbilligte
Auslandsreisen international geschulten Deutschen die Schönheit
des fülligen, teils behaarten Ober- und Unterschenkels zum echten
Anliegen geworden sein! Grade das vornehme Weiß des entblößten
frühsommerlichen Beines ist als Kulturträger aus Museen, Kirchen
und anderen Stätten der Besinnung, aber auch aus Heim, Straße
und Büro kaum mehr wegzudenken. Unbegreiflich, wie sich ein
gebildeter Mensch dieser natürlichen Entwicklung widersetzen
kann. Die Zeit wird über ihn hinweggehen! Schon sind schwarz-
seidene Shorts für sommerliche Trauerfälle und warme gesellige
Anlässe in Vorbereitung. Wir lieben die Freiheit – vor allem die
der Oberschenkel – und sind bereit, für sie zu kämpfen. Wade um
Wade und Knie um Knie!

Hochachtungsvoll

Sehr geehrte QUICK!

Man ist uns im Osten voraus. Darüber besteht kein Zweifel mehr,
seit eine tschechoslowakische Pressemeldung den Weg in die
deutschen Blätter fand: Tschechische Wissenschaftler sind bis
in die Intimsphäre des Familienlebens der Hühner vorgestoßen
und haben festgestellt, dass G a c k e r n vom Eierlegen ablenkt.
Nach Verabfolgung von dreitausend Hormonspritzen verstummten
dreitausend gackerfreudige Hennen und legten in aller Stille
hundertzwanzigtausend Eier mehr als gewöhnlich. Das ist eine
sozialistische Tat, der wir unsere kapitalistische Achtung nicht
versagen sollten. Schließlich ist dem Frühstücksei auch eine
gewisse völkerverbindende Unschuld nicht abzusprechen.
Es wäre zu überprüfen, inwieweit bundesdeutsches Federvieh
auf diese Behandlung reagiert. Zwar stehen hiesige politische
Kreise während des Wahlkampfes östlichen Einflüssen ablehnend
gegenüber, aber uns Endverbrauchern wäre es willkommen,
wenn jetzt nicht so viel gegackert und später wenigstens e i n Ei
mehr gelegt würde.

Hochachtungsvoll

LORIOT

Vgl. *Hohlspiegel*, in: *Der Spiegel*, Nr. 31, 26. Juli 1961, S. 34: „Gackern hemmt den Legeeifer, ent-
deckten tschechische Geflügelzüchter. Sie impften 3000 Hennen mit synthetischen Hormonen.
Die Hühner verstummten und überzogen das Plansoll um 120 000 Eier."

Die Bundestagswahl fand am 17. September 1961 statt.

Sehr geehrte QUICK!

Drei Dinge sind es, die macht uns Deutschen so leicht keiner nach: Wein, Weib und Gesang. In diesem Zusammenhang müssen wir aus übervollem Herzen ein Wort des Dankes und der Bewunderung an unsere wackeren Winzer richten, denen wir unser edelstes Teil verdanken: den Wein. Streng an das deutsche Winzergesetz gebunden, bereiten sie in selbstlosem Einsatz aus vollmundigem Zuckerwasser von Rhein und Mosel unter Zusatz von blumigem Kalziumkarbonat, Gelatine, Schwefel und lieblichem Kohlendioxid einen köstlichen Tropfen. Sodann schmecken in jahrzehntelanger Erfahrung herangereifte Spezialisten mit feiner Zunge und einem Strom fruchtigen Kaliumferrocyanids den neuen Jahrgang gewissenhaft ab. Jetzt erst besitzt er jene spritzige Rasse, die den weißen deutschen Konsumwein vor allem auszeichnet. Aber nicht genug damit! Nach uralter Familientradition findet nun auch e i n e Traube den Weg ins Fass. Hier liegt das sorgfältig gehütete Geheimnis der edlen Harmonie des deutschen Weines! Alle Gerüchte, dass diese letzte Traube als Repräsentant lauteren Winzergeistes künftig bei modernen Keltermethoden ganz entfallen könnte, entstammen den bösen Zungen gewissenloser Geschäftemacher. So lasst uns denn unser Glas Liebfrauenmilch leeren und mit schwerem Kopf, aber leichten Herzens auf das anstoßen, was uns noch verblieben ist: auf Weib und Gesang!

Prost –

LORIOT

Siehe auch Der „Wein-Zwischenfall", S. 217 ff.

101   Quick 35, S. 3
27. August 1961

Sehr geehrte QUICK!

Übertriebene Sauberkeit schadet Körper und Geist! Diese Ansicht
vertrat in einer Fachzeitschrift die britische Ärztin Dr. Ann Mullins.
Eine Ansicht, für die ich mich schon als Fünfjähriger im Jahre
1929 ebenso nachdrücklich wie vergeblich eingesetzt habe. Schon
damals dachte ich mir, dass es nicht gut sein kann, sich vor jedem
Essen die Hände zu waschen. Meine Eltern zwangen mich dazu.
Nun, das ginge noch, aber ich wurde auch häufig gebadet, und diese
nach neuesten medizinischen Erkenntnissen unverantwortliche
Gewohnheit ist bei mir im Laufe von nahezu siebenunddreißig
Jahren denn auch nicht ohne Folgen geblieben. Kein Wunder, dass
ich kreislaufgeschädigt, wetterfühlig, erkältungsanfällig, reizbar
und ohne Blinddarm bin. Das ist jedoch nur die k ö r p e r l i c h e
Misere meines verpfuschten Lebens. Unübersehbar und von mir
nicht zu beurteilen sind die g e i s t i g e n Schäden, die Wasser
und Seife bei mir angerichtet haben müssen. Mancher QUICK-
Leser, der unsauber aufgewachsen und somit im Vollbesitz seiner
körperlichen und geistigen Kräfte ist, wird von nun an meine
Beiträge nachsichtiger beurteilen. Tiefe Besorgnis ergreift mich
bei der Erkenntnis, dass ich gewiss kein Einzelfall bin und dass
täglich mit Bürste und Schwamm weiter gesündigt wird. Vornehmlich in Amt und Behörde, Aufsichtsrat und Gewerkschaft, Wirtschaft und Politik wird unser Leben durch übertriebene Sauberkeit
vergiftet. Mit größter Wahrscheinlichkeit sind hier die Wurzeln
allen Übels zu suchen. Was kann uns mehr am Herzen liegen als
die Gründung einer Schmutzliga mit dem Ziel unserer nationalen
Wiedergesundung! So tretet den wackeren Männern in die Seite,
die gegen die Überzahl ihrer veraltet sauberen Kollegen schon
Hervorragendes auf dem Gebiet der öffentlichen Verschmutzung
geleistet haben. Kopf hoch, wenn der Hals auch dreckig ist!

Hochachtungsvoll

LORIOT

Loriot bezieht sich auf den Artikel *Let's be clean enough to be healthy – dirty enough to be
happy* von Dr. Ann Mullins, in: *The Family Doctor*, Juli 1961.

Sehr geehrte QUICK!

Seit längerem unterrichten Manfred Schmidt und der Unterzeichnete die Redaktion und die Leser in offenen Briefen über Seltsamkeiten des öffentlichen Lebens. In diesem Zusammenhang muss ich Ihnen mitteilen, dass ich unter etwas zu leiden beginne, was mein Leben in zunehmendem Maße vergiftet. Ich sehe nämlich, besonders nach Einbruch der Dunkelheit, drohende Gestalten in Gebüschen, Fluren und Seitenstraßen, hinter Hausecken und Chausseebäumen. Es sind Hemden-, Nähmaschinen- und Autofabrikanten, Filmproduzenten, Fernsehintendanten, Gastwirte, Schauspieler und Kellner, aber auch Polizisten, Soldaten, Politiker, Sportler, Kaufleute, Hausfrauen, Winzer und Weinhändler. In den Händen halten sie Stöcke, Dreschflegel, Gewehre, Nudelrollen und anderes mehr. Ich werde diese Erscheinungen nicht mehr los und halte für möglich, dass sie in irgendeinem Zusammenhang mit den offenen Briefen stehen. Noch befinde ich mich bei leidlicher Gesundheit, aber ich bin nicht sicher, ob nicht doch in naher Zukunft ein temperamentvoller Politiker oder Einzelhändler mit einem handlichen Gegenstand meinen Scheitel lichtet. Was nützt es, wenn ich der Wahrheit gemäß berichte, dass ich die Obrigkeit achte, Autos kaufe, Hemden trage, Lichtspielhäuser besuche und seit Jahren täglich eine Flasche Wein leere? Die Gefahr meines frühzeitigen Abganges infolge eines tragischen Irrtums wird nicht geringer. Ich weiß, dass auch in Ihrer Brust ein warmes Herz für Ihre Mitarbeiter schlägt. Darum frage ich Sie: Wollen Sie mich, bitte, von den offenen Briefen entbinden?

Hochachtungsvoll

LORIOT

(Antwort der Redaktion: Nein.)

Der „Wein-Zwischenfall"

Der 102. *ganz offene Brief*[9] war der letzte, den Loriot verfassen sollte, und die darin an die Redaktion gestellte Bitte ernster gemeint, als es zunächst den Anschein hat. Es handelt sich hierbei um nichts anderes als um den formvollendeten Rücktritt eines Satirikers. Was war passiert?

Am 19. Juli 1961 hatte *Der Spiegel* in seiner Titelgeschichte auf dreizehn Seiten darüber berichtet, dass im deutschen Weingesetz die sogenannte Nasszuckerung, also die „Verbesserung" des Weines bis zu einem Viertel mit Zuckerwasser, erlaubt sei, Kohlendioxid der Spritzigkeit wegen eingepumpt und Chemikalien wie Kaliumferrocyanid zur Beseitigung von Trübungen beigefügt werden dürften. Für Loriot war das natürlich ein gefundenes Fressen: In seinem 100. *ganz offenen Brief*[10], der am 13. August 1961 in der *Quick* erschien, erhob er die Zusätze zum eigentlichen Produkt. Während *Der Spiegel* sich souverän im Abdruck von Leserreaktionen sonnte, suchte man in den folgenden *Quick*-Ausgaben das Wort „Wein" vergeblich. Die zahlreichen Winzerproteste drangen nicht ins Blatt, führten aber zu einem verlagsinternen Kesseltreiben gegen den Autor, der daraufhin beschloss, seine Mitwirkung an der Kolumne mit einem letzten *ganz offenen Brief* auf seine Weise zu beenden. Genüsslich rechnete er in der Rolle des paranoiden Opfers mit Winzern, seiner herzlosen Redaktion und allen möglichen anderen Kritikern der vorangegangenen vier Jahre ab.

Den Sturm im Wasserglas konnte er damit jedoch nicht verhindern. Während die Fachzeitung *Das Weinblatt* erklärte, „... dass nach den Flegeleien des *Spiegel* anscheinend alle kleinen Moritze unserer meinungsbildenden Institutionen von Zeitungen über Illustrierte bis zum Fernsehen eine Art

Weinwut gepackt habe ..."[11], suchte die *Quick* ausgerechnet bei ihrem vielgescholtenen Autor Hilfe. Er möge Briefe beantworten, Wein kaufen und Weingüter besuchen. Teile der Korrespondenz sind erhalten und im Folgenden zu lesen. Am 17. Oktober 1961, als die Kolumne bereits eingestellt war, wurde Loriot schließlich aufgefordert, an einer PR-Aktion im „Haus des Deutschen Weines" inklusive Fahrt in ein Weinbaugebiet teilzunehmen.[12] Der abschließende Hinweis, dass der Verleger Kenneweg, der verreist sei, sich über eine Zusage Loriots freuen würde, ist als klarer Befehl zu werten. Aus Vicco von Bülows handschriftlichen Notizen geht hervor, dass er am Montag, dem 30. Oktober um 12 Uhr 51 mit dem Zug von München nach Mainz reiste, wo er um 17 Uhr 30 am Hauptbahnhof eintraf. Zur Weiterfahrt ins „Haus des Deutschen Weines" und zu den Rebstöcken wurde er dort in einem Mercedes Benz mit dem amtlichen Kennzeichen MZ-DA 295 abgeholt.

Loriot absolvierte auch diesen Canossagang auf seine Art[13], stellte ebenso richtig, wie er weiter austeilte. Er blieb sich treu. Einen *ganz offenen Brief* hat er nie wieder geschrieben.

[9] Siehe S. 215.
[10] Siehe S. 211.
[11] Zit. nach *Der Spiegel*, Nr. 43, 18. Oktober 1961.
[12] Siehe S. 223.
[13] Siehe S. 225.

Maikammer, den 16. August 1961
D/Fr.

Der Bürgermeister
der Gemeinde Maikammer
an der Deutschen Weinstraße

An den
Verlag der
Illustrierten "Quick"

M ü n c h e n 3
Brienner Str.26-28

Sehr geehrte Herren!

Mit Erschütterung vernahm die pfälzische Winzerschaft von mir
die Nachricht über einen berufsschädigenden Artikel in Ihrer
Illustrierten vom 13.8.1961.

"Der ganz offene Brief", von Ihrem Loriot unterzeichnet, versetzt
uns pfälzische Winzer, und damit die gesamte Winzerschaft der
Bundesrepublik, in Aufregung. Dass in einem normal veranlagten
Menschen so viel Bosheit steckt wie Loriot zu Papier brachte,
ist kaum zu glauben! Wenn es so wäre, wie der Artikel sagt, wäre
der Winzerstand nicht mehr zu den ethischen Berufen zu zählen.
Er zeigt, dass der Schreiberling keine Ahnung hat von der Arbeit,
der Sorge und den Nöten des braven Winzerstandes. Die Vermutung
liegt sehr nahe, dass Loriot ein treuer Geldempfänger von Konkur-
renzunternehmen ist.

Es ist weiterhin sattsam bekannt, dass gerade pfälzische Naturweine
Weltruf erlangten! Dass dies noch nicht bis nach München ge-
drungen sein soll, ist bei Weltleuten wie Loriot kaum glaubhaft.
Also ist doch anzunehmen, dass ausgesprochene Bosheit hinter
diesem Artikel steht.

Um Ihnen meine Herren, ein klares Bild über die Leistungen des
Winzers und den dazu benötigten himmlischen Segen der sonnigen
Pfalz, der im Gottesgetränk Wein zum Ausdruck kommt, zu verschaffen, gestatte ich mir, Sie anlässlich eines Pfalzbesuches
zu einer Wein-Probe in der Gemeinde Maikammer, dem grössten Reb-
dorf Deutschlands, herzlichst einzuladen. Ich werde mich besonders
bemühen, Ihnen freudige und angenehme Stunden zu bereiten, zumal
Maikammer seit eh und je eine besonders herzliche Verbundenheit
zu München besitzt. Sollte Herr Loriot auch von der Partie sein,
bin ich gerne bereit, ihn vor der Abrechnung der bis dato harm-
losen Winzer zu schützen.

Einer Veröffentlichung dieser Zeilen in Ihrer Illustrierten steht
meinerseits nichts im Wege.

Hochachtungsvoll

(Damm)

220

An die Redaktion & Verlag
Th. Martens & Co GmbH

Redaktion   München

Sie können sich vielleicht vorstellen, dass Ihr Schrb. vom 14. 09. 61
für mich eine nicht geringe Enttäuschung bedeutete. –
Der Berufsstand des von dem ominösen Artikel in Ihrer „Quick"
getroffen wurde hat kein Empfinden dafür, dass derselbe etwas mit
Charme und Humor zu tuen hat, sondern da geht unsereinem der
Hut hoch, zumal man dazu nicht einmal etwas sagen darf. –

Um Ihnen zu zeigen wie Andere und hierzu berufene Fachkreise über
den Artikel Wein denken und urteilen, wenn er das ist was er sein soll,
lege ich Ihnen hier eine Preisliste meiner Weine bei, die restlos alle
in meinem Gut erzeugt wurden. Daraus mögen Sie ersehen wie viele
unserer Weine prämiert wurden und mit welchen Preisen, bei einem
Aufgebot von 1500–2000 Weinen aus allen deutschen Weinbauge-
bieten. –

Welch jahrelange, zielbewusste Mühe und Arbeit aber vorausgehen
musste, Schreiber dieses ist 81 Jahre alt, um das Ergebnis zu
erreichen, davon haben Sie natürlich keine Ahnung. –

Jedoch meine Erregung werden sie jetzt wahrscheinlich eher
begreifen. –

Mit freundl. Gruss,
Gustav Gessert

VERLAG TH. MARTENS & CO.
GMBH

Hausmitteilung

an ....

von 25/8

am ....

Lieber Meister, hier müssen Sie nun einmal helfend einspringen! Besagtem
Herrn schrieb ich bereits ~~zweimal~~ gewinnend, alldieweil er seine diver-
sen Schmähschriften veröffentlicht haben wollte(Ich hätte es übrigens
wesentlich gewchickter gefunden, wenigstens einen dieser erz+rnten
Weingutsbesitzer tatsächlich zu bringen). Nun schreibt er zum .... ich
glaube 5.Mal ... wie enttäuscht er wäre. Ich hatte ihn zuletzt auf
Ihren "offenen Brief" als allgemeine Antwort verwiesen. Sprach von
"bewährtem Charme, liebenswürdigem Humor" etz.etc. Sie sehen, der
zieht nicht immer!!!!

Da der Absender 81 Jahre alt ist können Sie vielleicht als gastfreier
Hausherr hier etwas Wein beziehen, bzw. ihm vielleicht selber noch
einige nette Zeilen schreiben? Ich ,kann und will es nun nicht mehr!
Er hat jetzt 3 Briefe von uns.

In der Hoffnung, dass Sie mir trotz dieses Schriebs gewogen bleiben

Ihre

222

VERLAG TH. MARTENS & CO. GMBH MÜNCHEN

VERLAGSLEITUNG

Herrn
Vico v. Bülow

Gauting
Leo-Putz-Weg 1

Ihr Zeichen	Ihre Nachricht vom	Unser Zeichen	München 3, den
		Mö/he	17. Okt. 1961

Lieber Herr v. Bülow,

der "Wein-Zwischenfall" ist Ihnen ja hinreichend bekannt.
Ich brauche auf die Vorgeschichte also nicht einzugehen.

Jetzt teilt uns die Gesellschaft zur Förderung des deutschen Weines e. V., Herr Landwirtschaftsrat Cornelssen,
mit, er würde sich sehr freuen, wenn Sie <u>am 30. Oktober
abends nach Mainz bzw. nach Wiesbaden kommen wollten,
so daß Sie dann am nächsten Tag die vorgesehene Besichti-
gung des "Hauses des Deutschen Weines" absolvieren und
eine Fahrt in ein Weinbaugebiet unternehmen können.</u>

Wenn Sie also zusagen wollen, genügt ein baldiger Anruf
bei mir, damit ich Herrn Cornelssen bzw. Herrn Fröhling
Ihr Kommen melden kann.

Herr Kenneweg, der heute verreist ist, läßt Ihnen sagen,
er würde sich sehr freuen, wenn Sie zusagen werden.

Mit schönen Grüßen
Ihr

F. H. Mösslang

MAINZ
GUTENBERGPLATZ 3 - 5
25818 / 06131
12 ⁵¹ ab M.
17 ⁵⁰ MAINZ
MAINZ.   295

MONTAG
30. 10.
MZ-DA

München 3 Brienner Straße 26-28 Postfach 275 Telefon : Sammel-Nr. 22 88 01 Fernschreiber : 05-23600 Telegramm-Anschrift: Martenscoverlag

Quick 51, S. 70/71
17. Dezember 1961

WEIN

REIN EINGESCHENKT VON

Wegen eines meiner letzten offenen Briefe, in dem ich den deutschen Wein besungen hatte, drohte an Rhein und Mosel der Ausbruch eines Winzeraufstandes. Ich folgte dem Ruf des Herrn Landwirtschaftsrats Friedrich August Cornelssen und fuhr in das Katastrophengebiet. $\longrightarrow$

Meine Enthüllung, dass neben vielen hochwertigen Chemikalien auch noch jeweils eine Traube den Weg ins Weinfass fände, musste einen Fehler enthalten haben, denn sie war in Winzerkreisen unfreundlich aufgenommen worden. Das erste Ziel der Informationsreise war daher ein sogenannter Weinberg. Meinen Schutz übernahmen der Herr Landwirtschaftsrat persönlich und die diesjährige Weinkönigin, das garantiert naturreine Fräulein Kaiser. Zu meiner großen Verblüffung befand ich mich alsbald unter Abertausenden von Trauben. Um ein genaueres Ergebnis zu erzielen, entschloss ich mich zur Zählung, wobei mir die Kaiserin behilflich war (A). Unter Bezugnahme auf die Fassbestände errechnete ich, dass nicht eine Traube, sondern rund eine Million derselben auf ein Fass mittlerer Größe entfällt. Ich muss mich somit berichtigen und leider feststellen, dass eine wesentliche Menge schmackhafter chemischer Produkte im deutschen Fassraum keinen Platz mehr findet. Wir sind daher ausschließlich auf Trauben angewiesen. Diese Enttäuschung muss ich allen Freunden der chemischen Industrie bereiten. Wer einen männlichen Schluck Kalziumkarbonat liebt, ist genötigt, sich an seinen Drogisten zu wenden (B).

Mein Verdacht, dass die geernteten Trauben nicht zu Wein, sondern mit Rücksicht auf das bevorstehende Weihnachtsfest zu Konfekt verarbeitet würden, erwies sich zwar als irrig, jedoch stieß ich bei überraschenden Stichproben in Kelteranlagen auf Zustände, die jeden Genießer alarmieren müssen. Ohne jedes Fingerspitzengefühl wird das kostbare Rebgut hygienisch durch moderne Stahltrommeln gepresst (A)! Wohin sind die Zeiten, da durch den feurigen Einsatz würziger Winzerwaden (B) dem deutschen Wein das g a n z e Bukett zarter Aromastoffe erhalten blieb? Kennern, die auf erregende Attribute wie füllig, saftig, wuchtig, vollreif und frisch im althergebrachten Sinne nicht verzichten wollen, wird man raten müssen, an der Weinkönigin zu nippen. Der Jahrgang 1941 geht erst jetzt seinem Höhepunkt entgegen. $\rightarrow$

Den Abschluss meiner Reise bildete die Audienz bei einem lebenden Minister. An der Seite der Königin sprach ich mehr als eine Stunde mit dem Staatsminister für Landwirtschaft, Weinbau und Forsten, Oskar Stübinger, über die gesundheitlichen Auswirkungen mäßigen Weingenusses (A). Weintrinkern wird es nicht neu sein, dass Wein den Hypophysen-Vorderlappen und das Nebennierenrinden-System stimuliert. Die Wissenschaftler Gillisen und Böcker-Riese machten diese Entdeckung unter anderem durch einen Azetatpuffer mit dem pH-Wert 3,2. Die Abbildungen zeigen einen Heilbronner Angestellten mit vernachlässigter Hypophyse (B1) und einen Kieler Postbeamten mit lustlosem Nebennierenrinden-System (B2). Beide Fälle sind auf mangelhaften Weingenuss zurückzuführen. Alles in allem: Wer seinen Hypophysen-Vorderlappen liebt, trinkt deutschen Weißwein!

Man wird verstehen, dass ich mir nun zu Hause ein paar Flaschen hingelegt habe. Die Abbildung (A) zeigt mich allerdings nur im Kreise eines kleinen Teils der Weine aus Rheinhessen. Nach links schließen sich größere Lager aus dem Rheingau an, während sich rechts die Abteilungen Mosel, Saar, Ruwer sowie Rheinpfalz, Mittelrhein, Ahr, Nahe, Franken und Baden-Württemberg befinden. Diese Neuanschaffungen zwingen mich andererseits zu bescheidener Lebensweise. Die abgebildeten Gegenstände bilden oberhalb des Kellers meinen letzten Besitz (B). (Beachten Sie jedoch das glückliche Lächeln auf dem nunmehr durchgeistigten Antlitz des Verarmten.) Frohen Herzens schließe ich mit der letzten Strophe des preisgekrönten Liedes „Deutscher Wein":

> „Tralala lala lali,
> Tralalala la lalla,
> Tra lala lala lala,
> Tralala lala lali!"

Weitere Reaktionen

W er nun den „Wein-Zwischenfall" als Einzelfall betrachten möchte, liegt falsch. Solitär waren hierbei lediglich die Dichte an Reaktionen und die Hilflosigkeit des Verlags: Leserbriefe wurden übertrieben ernst genommen und sofort an den Autor weitergeleitet. Auch dann, wenn der Beschwerdeführer seine zweifelhafte Gesinnung dadurch verriet, dass er die Bundeswehr als Wehrmacht bezeichnete.[14] Im Folgenden sind einige Zuschriften und ein Schreiben Loriots, in dem er einer Leserin sein Selbstverständnis erklärt, im Wortlaut wiedergegeben. Die Sektion schließt mit Manfred Schmidts Antwort auf Brief Nr. 37[15] in Wort und Bild.

[14] Siehe S. 245.
[15] Siehe S. 85.

Lörrach, 7. November 1957

Liebe Q u i c k !

„ DER GANZ OFFENE BRIEF "
                    (nicht v.Loriot!)

Da die Ergüsse des Herrn Loriot in Deinen Ausgaben
immer mehr überhandnehmen, sehe ich mich veranlasst,
Dir heute zu schreiben.

Ich bin eine langjährige treue Leserin von Dir
und hatte immer viel Freude an Deiner Bildberichter-
stattung, Deinen Artikeln und vor allem auch an den
reizenden Zeichnungen von Wigg Siegl, Manfred Schmidt
usw. Was Du nun aber schon seit vielen Monaten Deinen
Lesern mit den plumpen Zeichnungen und entsprechenden
geistlosen Randbemerkungen des Herrn Loriot zu bieten
wagst, widerspricht jedem guten Geschmack. Von Witz
oder Humor kann doch in diesem Falle wirklich keine
Rede mehr sein.

Ich spreche im Namen aller meiner Bekannten - und
sicher vieler unbekannter Leser - wenn ich Dir vorschla-
ge, den Abdruck der Loriot-Zeichnungen, wenn Du schon
aus irgendwelchen Gründen nicht darauf verzichten kannst,
auf ein Minimum zu beschränken, denn sie schaden ganz
erheblich Deinem Ansehen.

Zum Schluss noch eine Frage:
Ob dieser Herr Loriot wohl den Mut hat, Deinen inte-
ressierten Lesern durch " S e l b s t p o r t r a i t '
den Autor des zu Papier gebrachten Unsinns vorzustel-
len? Es müsste sehr interessant sein!!!!!!!!!!!!!!!!!!

Mit freundlichen Grüssen
H. Bei aner

232

```
L O R I O T
Gauting b. München
Leo-Putz-Weg 1                              den 16.12.57



Frau
Helga Weidner
L ö r r a c h  II
Bettingerweg 5
```

Sehr verehrte gnädige Frau,

Ihr Brief wurde an mich weitergeleitet. Bitte entschuldigen Sie,
dass ich erst heute zur Beantwortung komme.

Es tut mir sehr leid, dass ich mit meinen Zeichnungen so garnicht
Ihrer Auffassung von Humor entspreche, der sich auch Ihre Bekannten angeschlossen haben. Aber sagen Sie mir bitte, was ich angesichts der Tatsache tun soll, dass auf einen bösen Brief, wie den
Ihren, prozentual mich etwa neun andere erreichen, die eine genau
entgegengesetzte Meinung vertreten?"Der gute Ton"ist als Buch nach
zwei Monaten nahezu vergriffen und auf die von Ihnen so geschmähten
"Offenen Briefe" erhalte ich so positive Antworten, dass ich glaube,
mit meiner Arbeit auf dem richtigen Wege zu sein.

Allen kann man es nicht recht machen und das darf man auch nicht
versuchen, aber jeder sollte sein Bestes geben und darum bemühe
ich mich.

Sie wollten wissen, wie ich aussehe. Hier ist mein Foto:

Ihre Komplimente für die Konkurrenz
habe ich an meine Freunde Manfred Schmidt
und Wigg Siegl weitergegeben.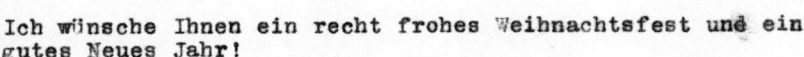

Und nun verzeihen Sie mir, dass ich
so bin,wie ich bin.

Ich wünsche Ihnen ein recht frohes Weihnachtsfest und ein
gutes Neues Jahr!

                        Ihr

                    sehr ergebener

Anonymer Leserbrief,
undatiert

Viele Leser Ihrer
Zeitung bitten
Sie mal diese
blöde Seite
Loriot
*weg*zulassen
u. was schönes
dafür zu bringen
Viele Böblinger
Leser

An die Redaktion der Quick München

Der ganz offene Brief betr. Loriot.

Die von ihm verabfolgte Konfitüre ist ein Brechpulver. Vor einigen
Jahren ist es gelungen, ihn zu entfernen, nun ist er leider wieder da.
Fort damit, so schnell wie möglich!

E. Pasch

Leserbrief von Inge Lohmann,
18. Dezember 1957
Betrifft Nr. 8, S. 27

Sehr geehrte Herren!

Seit Oktober 1955, die Zeit wo wir aus der Ostzone kommend, hier herüber gesiedelt sind, lesen wir daheim jeden Monat Ihre Zeitschrift und freuen uns immer über die meistens guten Romane.

Auch heute, Mittwoch, den 18.12. kaufte ich die Quick, und es ist nun so weit, daß ich an einigem in Ihrer Zeitschrift Kritik üben muß.

Gleich, wenn man die erste Seite aufschlägt und dann den "ganz offenen Brief" des Herrn Loriot liest, kann einem aber wirklich der Gedanke kommen, ob man nicht richtiger tut, sich einer Zeitschrift zuzuwenden, die Ihrer Leserschaft in der Weihnachtszeit geschmackvollere Dinge vorsetzt. Ich finde es einfach unerhört, auch wenn dieser Brief ironisch gemeint ist, mit solchen Dingen überhaupt Spaß zu treiben! Es ist sowieso schon eine Zumutung jede Woche diese albernen Zeichnungen des "Guten Tones" über sich ergehen lassen zu müssen und das ist es, was mich zum Schreiben dieses Briefes mit bewegt – streichen Sie bitte bald diesen Kitsch. Ich warte noch bis Ende des Jahres, sollten uns aber diese Kretins im kommenden Jahre weiter ärgern, sind wir Ihre Leser gewesen.

Vermutlich wird es eine Menge Ihrer Leser auch geben, die diesen Zeichnungen Beifall zollen, dann bitte ich aber zu bedenken, daß eine große Zeitschrift wie Sie es sind, dazu beitragen soll, den Geschmack des Publikums zu fördern.

Ich hoffe, daß Sie für die offene Kritik einer Ihrer Leserinnen zugänglich sind und grüße Sie, Ihnen ein frohes Weihnachten wünschend

       hochachtungsvoll
       Frau Inge Lohmann

Leserbrief von Emil Baeck,
20. Dezember 1957

Betrifft Nr. 8, S. 27

Sehr geehrte Herren!

<u>Zum</u> „ganz <u>offenen Brief</u>" von <u>Loriot</u> in <u>Nr. 51</u>!

Wie können Sie nur solch einen Unsinn – um kein schärferes Wort
zu gebrauchen, das auch mit „sinn" endet – abdrucken! Die ganze
Welt bangt bei dem Gedanken an einen Atomkrieg, und dieser Mann
hält es für witzig, sich eine kleine Atombombe als Kinderspielzeug
zu wünschen. Sowohl Loriot als auch Sie sollten sich eines solchen
Geschreibsels schämen!

> Das meint
> Emil Baeck

Leserbrief von Dr. Franz Baltusin,
20. Dezember 1957
Betrifft Nr. 8, S. 27

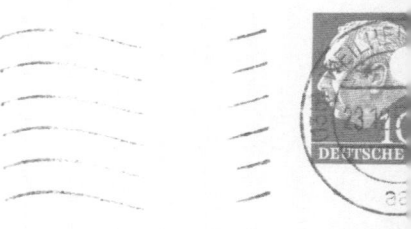

Sehr geehrter Herr Loriot!

Aus Ihrem Artikel „der ganz offene Brief" in Quick Nr. 51 vom 21.
Dezember 57 geht hervor, dass Sie sind sehr unglücklich und empört
über die Flugzeugen die mit Atombomben über uns kreisen.

Herr, Loriot, wenn die Flugzeugen mit Atombomben wären nicht
da, dann hätten die Roten Bestien uns schon längst „befreit". Noch
eins, – wenn Ihnen gefällt hier nicht, Sie können ruhig nach drüben ins
Friedensparadies fahren. Niemand haltet sie hier mit Gewalt zurück.
Dort können sie mit Genuss das friedliche Zischen der interkonti-
nentalen Raketen, die mit („Friedens"-) Atomladung versehen sind,
belauschen. Wenn Sie sich wirklich entschließen dahin zufahren, dann
grüssen Sie die Sibieriens Taiga u. KZ. Lager Workuta! Dort werden
Sie auch die kleine Atombombe für Ihre Frl. Tochter, vom Genossen
Nikita, bestimmt kriegen.

       Hochachtungsvoll
       Dr. Baltusin

Loriot,

Du, der Du schon bei Lebzeiten neben der Freifrau von Pappritz
zu den Klassikern des guten Tones empor geschnellt bist, mußt Dir
einmal vom Fachmann raten lassen, wie man sich bei einer kaputten
Fensterscheibe helfen kann. Wenn Du Besuch bekommst, stellst Du
Dich einfach ganz ungezwungen mit dem Rücken vor die Öffnung.
Man wird es, so man Dich nicht schon kennt, für artige Schüchternheit
halten. Aber bitte, Splitter vorher entfernen, in Ohren und Nase
Watte stopfen und den Mund geschlossen halten, damit Du keinen
Durchzug bekommst! Sollte das Schicksal es jedoch wollen, dass Dir
Windstauungen das Lebenslicht ausblasen – meine Berufsgruppe
wäre untröstlich bei dem Gedanken, daß Dein Beerdigungs-Institut
Dich so lange warten lassen könnte wie Dein Glaser

Harry Lille

Leserbrief von H. Navarra,
undatiert
Betrifft Nr. 15, S. 41

Lieber Loriot!

Zu Deinem letzten "ganz offenen Brief", in dem Du Dich über Toni Sailer lustig machst, möchte ich doch ein Wort sagen.

Ich bin durchaus kein Sailer-Fan. Doch ich habe bemerkt, daß der Toni eben durchaus keine Dutzend-Erscheinung ist. Was ist schon dabei, wenn ein Naturbursche beweist, daß er eben nicht nur die Bretteln beherrschen kann, sondern auch sonst talentiert ist? Hast du schon einmal aufmerksam betrachtet, wie der Toni "aus der Wäsche guckt"? Dann wäre Dir aufgefallen, wie intelligent er in die Welt schaut. Zumindest so intelligent, wie das Zeug von Dutzend-Stars, das wir uns heute gefallen lassen, die trotz Schauspiel-Schule mit Not gerade so viel können, wie der gänzlich unausgebildete Naturbursche. Das wäre höchstens ein Grund, über die Dürftigkeit dieser Stars nachzudenken, doch nicht, über den Toni herzufallen.

Im Übrigen: was findest du daran, daß ein Mensch eben nicht nur eines beherrscht, der Toni z. B. seine Bretteln?

Soll ich Dir ein wenig aus meinem Leben erzählen? Lieber nicht, sonst würde Dir schwindelig und Du würdest mich auch noch als dressierten Affen bezeichnen.

Oder kommt Dir bei Maria Schell's oder Adrian Hoven's sacharin-süßem Grinsen etwa nicht der Kaffee hoch? Welch ein erfreulicher Anblick ist dagegen der Toni ...!

H. Navarra, Wien.

Eingegangen

10. JULI 1958

Erledigt: ....

Der ganz offene Brief von Eliza

Sehr geehrte Quick,

die lautere Flamme der Empörung drückt auch mir die Feder in
die Hand.

Herr Loriot ist zu bedauern – ich möchte ihm vorschlagen sich als
Prediger zu betätigen, um allen ledigen Männern zu raten, selbst in
der Isolierung zu bleiben, anstatt die unglücklichen Geschöpfe aus
jungfräulicher Isolierung zu befreien.

Sinn des Lebens und der Menschen ist die Familie. (Keimzelle des
Staates!) Herr Loriot scheint den großen Sinn der Verschiedenheit
der Geschlechter nicht richtig erfaßt zu haben.

Das gemütvolle Leben in seiner Ehe scheint jetzt zu Ende, laut Gesetz
vom 1. Juli. – Ist es Egoismus oder die geistige Ebene auf welcher
Herr Loriot steht?

Der weitere Lebensweg und die Atmosphäre in der Ehe, nach dem
umstrittenen 1. Juli hängt allein von der geistigen Ebene eines jeden
Ehepartners ab.

      Hochachtungsvoll
      Eliza

Leserbrief von K. Ernst,
10. Juli 1958

Betrifft Nr. 22, S. 55

Sehr geehrte Quick,

In Ihrer Nr. 27 veröffentlichten Sie einen Leserbrief von "Loriot".
Der Inhalt entbehrt jede Sachlichkeit, ja Anstand und man kann ihn
nur als Hetze bezeichnen. Dieser Mann scheint in der Frau ja nur eine
"Sklavin" zu sehen. Es ist direkt entwürdigend überhaupt nur auf
einen Satz dieses Briefes einzugehen und man möchte Ihrer Zeit-
schrift andere Männer wünschen, die veranlassen, dass solcher
Unsinn nicht mehr gedruckt wird. Man weiß jedenfalls jetzt den
Wert Ihrer Redaktion zu schätzen!!!

Ihrem Schreiber in Nr. 27 rufe ich jedenfalls mit der lauteren Flamme
der Empörung zu: er möge sich schämen und nochmals schämen!

K. Ernst

London d. 22. 8. 58

Sehr geehrte Quick!

In Heft Nr. 33 <u>die Spalte ein ganz offener Brief</u> von
Loriot hat hier in London kein anklang gefunden
wenn noch einmal eine solche Spalte erscheint
werden sieben und noch mehr Ihre Zeitschrift
nicht mehr nehmen und zu einer anderen
übergehen wenn Sie sich über etwas lustig machen
wollen dann über andere Dinge aber nicht über
Hausangestellte es gibt viele Hausangestellte aus
sehr reichen Familien die aus verschieden gründen
zu diesen Beruf übergehen ich werde Ihnen ein
paar Beispiele nennen 1. Im Ausland um die
Sprachen zu erlernen 2. Weil das der best bezahlte Beruf
ist. 3. Weil der Umgang da besser ist als in einem
Büro oder einer Fabrik 4. ist das Nichtstuen für
viele unerträglich. mir zum Beispiel wäre das
Nichtstuen in London sehr langweilig darum
arbeite ich im Haushalt. so wie ich festgestellt
habe sind Mädchen untere Klassen in der Fabrik.

Hochachtungsvoll

N. S.

geschrieben von M. C. 8 Jahre aus Österreich im Auftrage
m Namen der Hausmädchen in London   von M. S.

Leserbrief von F. Schulz,
11. November 1959
Betrifft Nr. 57, S. 125

Sehr geehrte Quick!

als ich Ihren ganz offenen Brief in Ihrer No. 46 las, dachte ich "das ist doch mehr als leichtsinnig". Wie viele junge, unreife Menschen lesen das. Um mich in meinem Urteil zu vergewissern habe ich bei 10 jungen Burschen die Probe gemacht, und es traf prompt ein, was ich mir gedacht hatte: Sie nahmen dieses "warum sattelt man nicht um, Wir sind zu bequem" für bare Münze. Dass einige dieser "Halbstarken" nicht nur so reden, haben sie schon durch Taten bewiesen. Da sehen Sie, was Sie mit solchen Artikeln anrichten können. Reifen, charakterfesten Menschen wird es natürlich nichts anhaben, aber wenn Sie nur einen Bruchteil von dem Kummer der Eltern hätten, die 16-17-jährige Jungen haben und in der Grossstadt leben, Sie würden bei jeder Ausgabe daran denken, dass auch eine Illustrierte Zeitschrift positiven Einfluss auf die Jugendlichen haben sollte.

Es ist ja kein Wunder, dass die Kriminalität steigt, fast jeder Film, fast jede Zeitschrift wird ihnen zur Gefahr.

Hochachtungsvoll
F. Schulz

Leserbrief von Emil Baeck,
2. Juli 1961
Betrifft Nr. 97, S. 205

Liebe Quick!

Ich bin jahrelanger Abonnent und darf mir auch einmal Kritik
erlauben. In „dem ganz offenen Brief" habe ich meist viel Witz
und Geist gefunden. Aber was Herr Loriot sich in der Nr. 28 leistet,
ist eine bodenlose Geschmacklosigkeit, um nicht „Mist" zu sagen.
Jetzt wo die Ost-Westspannungen groß geworden sind und
Chruschtschow unverblümt mit Krieg droht, wagt Herr Loriot
unsere Wehrmacht derart lächerlich zu machen und Sie lassen
so etwas durchgehen! Es ist ein Wunder, daß Herr L. die Soldaten
nicht so gezeichnet hat, wie sie nach seinem Vorschlag von vorn
aussehen würden. Und daß er den Soldaten die Seitengewehre
rechts angebracht hat, zeigt, daß er vom Militär entweder überhaupt
keine Ahnung hat, oder daß ihm diese Einrichtung widerlich ist.
Dann sollte er doch lieber nach dem Osten auswandern.
Bis auf diesen faulen Missgriff bin ich

      hochachtungsvoll
      Ihr E. Baeck

Eingegangen

4. JULI 1961

Erledigt: ....

Liebe QUICK,

im vorigen offenen Brief beklagt sich der von mir hochgeschätzte
Kollege Loriot über das bekannte Karikaturistenschicksal, seinen
Zeichnungen von Tag zu Tag ähnlicher zu sehen, was ich im Falle
Loriot besonders erschütternd und geradezu tragisch finde. Ich
selber habe aus gutem Grund stets nur schöne Menschen gezeichnet, und die Rückwirkung auf mein eigenes Aussehen ist, wie ich
bescheiden, aber objektiv zugeben muss, nicht ausgeblieben.

Dass Loriot sich reuig an die von ihm selbst entworfene Nase fasst
und verzweifelt ausruft: „Oh, hätte ich doch stets so schöne Nasen
gezeichnet wie Kollege Schmidt!", erregt mein tiefstes Mitgefühl.
Aber nun ist es zu spät, er muss seine Nase weiter tragen und
zeichnen, auch wenn sie ihm nicht passt. Vielleicht tröstet ihn die
Mitteilung, dass auch meine Nase vielen nicht passt. Außerdem
nehmen nicht nur die Gesichter von Karikaturisten die Züge ihrer
Produkte an: Ich kenne eine hochgestellte Persönlichkeit, die
nur an Atomköpfe denkt, wodurch der Kopf dieses Herrn mit der
Zeit das Aussehen einer Atombombe mit Schlips und Kragen
angenommen hat.

Herzlichst Dein

M. Sch.

Nachschlag

O bwohl von Loriot bei den *ganz offenen Briefen* nicht, wie noch in den Jahren zuvor, verlangt wurde, „... mit Rücksicht auf die Leser auf alle gewissen Hässlichkeiten oder Bosheiten ... zu verzichten, von denen ich (ganz unromantisch) glaube, dass sie nun mal zu meinem Stil gehören"[16], behielt der Verlag doch das letzte Wort. So wurden einige Briefe aus Angst vor möglichen Leserbeschwerden gar nicht oder verspätet veröffentlicht. Ein gutes Beispiel hierfür ist Brief Nr. 76.[17] Er bezieht sich auf eine Meldung in *Quick* Nr. 5 vom 30. Januar 1960 und war für eine Veröffentlichung im Februar desselben Jahres vorgesehen. Allerdings hatte die Redaktion wohl Bedenken wegen der Rückseitenbefeuchtung des Bundespräsidenten und sah zunächst von einer Publikation ab. Doch als Ende Juli 1960 Loriots ganz offene und sehr trickreich manipulierte Urlaubspostkarte[18] erst nach Redaktionsschluss vorlag[19] und der Verlag sich entscheiden musste, in Heft 31 entweder keinen Leserbrief oder einen einst verworfenen abzudrucken, wurde Brief Nr. 76 schließlich doch veröffentlicht. Negative Reaktionen sind nicht bekannt. Brief Nr. 103[20] erschien inmitten der Wogen des „Wein-Zwischenfalls" zwar als letzter der Serie am 8. Oktober 1961, entstanden war er aber zuvor. Einstmals abgelehnt, wurde er – aus unerfindlichen Gründen – erst nach Loriots Beendigung der Reihe und zwei finalen Briefen Manfred Schmidts publiziert.

Weitere ganz offene Briefe aus dem Giftschrank der *Quick*, aufgefunden in Loriots Nachlass-Archiv, sind auf den folgenden Seiten erstmals zu lesen. Ihre Nummerierung ist zwar ebenso fortlaufend wie die der Briefe im Hauptteil, lässt aber mangels Veröffentlichungsdatum keine Rückschlüsse auf die Chronologie ihrer Erzeugung zu. In den wenigen Fällen, wo ein ungefährer Entstehungszeitraum eruiert werden konnte, ist dieser vermerkt.

Den Abschluss bildet Loriots ebenfalls unpublizierte Replik auf Manfred Schmidts Antwort[21] auf Brief Nr. 37[22]. Die Herausgeber dieses Buches sind hoffnungsfroh, dass die Zeilen: „Zu den Ausführungen ... teile ich Ihnen mit, dass ich die Angelegenheit meinen Anwälten übergeben habe, die zurzeit entscheiden, ob ich beleidigt bin", künftigen Presseopfern ein wenig Humor in ihre öffentlichen Stellungnahmen diktieren.

[16] Loriot an Diedrich Kenneweg, Schreiben vom 24. April 1956.
[17] Siehe S. 163.
[18] Siehe S. 164 f.
[19] Der Poststempel trägt dasselbe Datum wie *Quick* Nr. 31: den 30. Juli 1960.
[20] Siehe S. 253.
[21] Siehe S. 247.
[22] Siehe S. 85.

Sehr geehrte QUICK!

Kürzlich fiel in den Vereinigten Staaten ein junger Mann bei seiner Braut in Ungnade, mietete umgehend einige Fernsehminuten und bat die betreffende Dame in bewegten Worten per Television um Vergebung. Den Tränen nahe, riss eine nach Hunderttausenden zählende Fernsehgemeinde die Hörer von den Gabeln und veranlasste die Braut fernmündlich, es mit dem jungen Herrn nochmals zu versuchen. Seit diesem Ereignis stehen wir, fernsehmäßig gesehen, an einem Wendepunkt der Geschichte der häuslichen Kurzweil. Endlich rückte die private Beziehung von Mensch zu Mensch in den Mittelpunkt des Fernsehprogramms. Welche unerschöpflichen Möglichkeiten eröffnen sich unseren bisher schwer ringenden Programmgestaltern! In alphabetischer Reihenfolge oder nach dem Alter geordnet, könnten nach und nach alle Bundesbürger der Fernsehkamera ihre familiären Schwierigkeiten anvertrauen. Ein intimer Ehezwist vor den Augen von zehn Millionen Fernsehfreunden wird durch ebenso viele Ferngespräche schon kurz nach der Sendung geschlichtet, eine fristlose Entlassung auf dem gleichen Wege rückgängig gemacht. Aber nicht nur Kummer, auch Fröhlichkeit fänden Platz auf der neuen Welle: Münchner winken ihren Bekannten in Hamburg zu, Hamburger winken ihren Bekannten in München zu und vieles mehr. So begrüßenswert dieses Programm in sozialer Hinsicht ist, so einfach erweist sich die Durchführung. Bei einer Sendezeit von 13 bis 24 Uhr und einer durchschnittlichen Sprechdauer von zwei Minuten kämen täglich 330 Menschen zu Wort. Das sind pro Jahr rund 120 000. Ohne Zuwachsquote würde die Bevölkerung der Bundesrepublik auf diese Weise ein durchgehendes Fernsehprogramm von 430 Jahren garantieren, das, falls Bedarf danach besteht, durch musikalische Einlagen noch aufgelockert werden könnte. Wir wollen voller Zuversicht in die jetzt noch trübe Röhre sehen.

Hochachtungsvoll

Sehr geehrte QUICK,

dieser Brief ist, wenn auch ganz offen, so doch nicht an Sie
gerichtet. Ich beginne daher noch einmal:

Liebes, unbekanntes „Stupserl",

alles, was ich außer diesem Namen von Ihnen weiß, ist, dass Sie
ein Mädchen sind, blaue Augen und braune kurze Haare haben,
in München-Schwabing wohnen, Büroangestellte, Tochter eines
Kunstmalers und 1,65 groß sind. Das weiß ich durch einen mir
bislang unbekannten Studenten, von dem ich 3 (drei) Briefe in
den Händen habe. Er konnte nämlich aus zwingenden familiären
Gründen das auf dem Schwabinger Modellball verabredete
Rendezvous an der Feldherrnhalle mit Ihnen nicht einhalten und
wandte sich in der letzten Verzweiflung an mich, in der Annahme,
es müssten mir als Zeichner alle Schwabinger Mädchen bekannt
sein. Er irrt jedoch, und ich sehe mich nun zur Veröffentlichung
dieses Steckbriefs gezwungen. In der Ähnlichkeit können mir
kleine Abweichungen unterlaufen sein. Rufen Sie mich an unter
„München 88729". Das können Sie gefahrlos tun, da ich kein
Mädchenhändler bin, jedenfalls nicht hauptberuflich.

Auf bald
Ihr

LORIOT

Dieser Brief war wahrscheinlich ursprünglich vorgesehen für *Quick*, Nr. 8, 19. Februar 1961.

Sehr geehrte QUICK!

Sie haben keinen Hund wie ich, daher können Sie ihn mir auch
nicht nachfühlen. Aber Hundebesitzer werden verstehen, dass ich
eine nicht unbeträchtliche Summe zu investieren gedachte,
um meinem vierbeinigen Freunde die Grundlagen des Gehorsams
beibringen zu lassen. Auf Anraten eines Herrn mit Hundeverstand,
der sich hierzu anbot, legte ich DM 100,– (hundert) zusätzlich an,
um ihn (den Hund) neben den herkömmlichen Fertigkeiten auch
noch „auf den Mann" zu dressieren. Nach vier Wochen intensiver
Arbeit sagte er mir, es sei nun so weit, wickelte sich einen alten
Mantel um den rechten Arm und reizte das liebe Tier so lange,
bis es lustlos dort hineinbiss. Dann verließ er uns unter Mitnahme
des Honorars. Ich habe jetzt ein Schild am Gartentor: „Warnung
vor dem Hunde!" Man kann ja nie wissen. Vielleicht kommt mal
jemand vorbei, der was um den Arm gewickelt hat. Dann beißt er
wohlmöglich, der Hund.

Hochachtungsvoll

Sehr geehrte QUICK,

Sie suchten kürzlich den idealen Bundeskanzler. Und da ich ein
zwar freier, aber dennoch verantwortungsbewusster Mitarbeiter
bin, habe ich mich intensiv an der Suche beteiligt. Ich stieß in
einem Gelsenkirchener Trikotagen-Geschäft auf einen Herrn,
der unserem Bundeskanzler verblüffend ähnelt, rheinische
Mundart spricht, aber erst 19 Jahre zählt. Mit ihm wären wir
der Sorge um einen Kanzler mindestens für drei Generationen
enthoben. Ich habe mit der Möglichkeit gerechnet, dass dieser
Vorschlag in den Reihen der Opposition nicht ungeteilten Beifall
findet, und konzentrierte meine weitere Suche auf einen Kandidaten,
der sich sowohl in christlich-demokratischen Kreisen als auch in
den Reihen der SPD warmer Zuneigung erfreut, der vom Volke
geliebt und von der Großindustrie geachtet wird, der sauber in
seinem Handeln ist, bescheiden in der Kleidung und sicher im
Auftreten, eine Persönlichkeit, die das Leben kennt, die hart im
Nehmen ist und die die militärische Disziplin eines preußischen
Unteroffiziers mit dem politischen Feingefühl eines Verteidigungs-
ministers verbindet, kurz, die das Herz auf dem rechten Fleck
und die Hosen anhat. Ich habe sie gefunden! Es ist die Putzfrau
Elfriede Huber aus München-Pasing.

Hochachtungsvoll

Bundeskanzler gesucht formulierte die Eigenschaften, die ein Kanzler laut Wählerumfrage
haben sollte. (*Quick*, Nr. 12 bis 15, 19. März bis 9. April 1961)

Dieser Brief war wahrscheinlich ursprünglich vorgesehen für *Quick*, Nr. 17, 23. April 1961.

Sehr geehrte QUICK,

Damen wollen verwöhnt sein. Dieser Erkenntnis verdankt die Welt
eine Reihe der erlesensten Köstlichkeiten. Wer verweilte nicht gern
mit seiner Gattin vor Geschäften, in denen Pelze unwiderstehlich
zum Kaufe reizen? Wer drückte nicht freudig der Geliebten ein
brillantenübersätes Diadem zwischen die Locken, selbst wenn
man sich anschließend aus finanziellen Gründen erschießen müsste?
Frauen sind da auch gar nicht so empfindlich, wie man ihrer zarten
Konstitution wegen gemeinhin annimmt. Ein anmutiges Beispiel
weiblicher Putzfreudigkeit bot jüngst in dieser Hinsicht Frau
Tschiang Kai Schek, die Gattin des bekannten Generalissimus.
Es handelte sich zwar nicht um kostbares Pelzwerk, sondern nur
um ein karges Eiland vor der chinesischen Küste namens Quemoy,
aber der Gnädigen schien es so unentbehrlich zur Herbstgarderobe,
dass sie ihren amerikanischen Liebhabern mitteilte, der Besitz
dieses Kleinods sei ihr den Ausbruch eines Weltkriegs wert. Na
schön – dann müssen wir also wieder alle zusammenlegen. Und
wenn sie Glück hat, bleibt noch jemand übrig, der sagen kann,
ob es ihr gut zu Gesichte steht. Damen wollen eben verwöhnt sein.

Hochachtungsvoll

LORIOT

Song Meiling, die Frau von Tschiang Kai Schek (Präsident der Republik China in Formosa, dem
heutigen Taiwan, von 1949 bis 1975 und Bündnispartner der Vereinigten Staaten), hatte in einer
US-Talkshow erklärt, dass der Kampf zwischen der Republik China und Rotchina um die Insel
Quemoy grundsätzlich das Risiko eines dritten Weltkrieges wert sei. (*Madame Chiang Kai-Shek
Appears On Meet The Press,* in: *NBC News,* 21. September 1958)

Dieser Brief war ursprünglich entweder vorgesehen für *Quick,* Nr. 39, 27. September 1958, oder
Quick, Nr. 41, 11. Oktober 1958.

Sehr geehrte QUICK,

ein mir bekanntes Ehepaar erwarb unlängst einen Couchtisch, von dem es mit Sicherheit wusste, er sei garantiert „säurefest". Der daraufhin stattfindende gesellige Abend wird den Gastgebern insofern unvergesslich bleiben, als er sich in Form von etwa zwei Dutzend hellgrauen Ringen auf der kostbaren Platte niederschlug. Besonders eine sorglos gehandhabte Wasserkaraffe hatte Flecken hinterlassen, die selbst dem Hobel eines erfahrenen Kunsttischlers hartnäckig widerstanden, ganz abgesehen von den Spuren einer Flasche Weinbrandverschnitt. Ich konnte den unglücklichen Gastgebern nur raten, sich präziser an die Garantiebestimmungen zu halten, die sich ausdrücklich auf Schäden durch Säuren beziehen. Nun ist zwar der Genuss von unverdünnter Salzsäure bei festlichen Gelegenheiten nicht jedermanns Sache, und es will auch trotz reichlichen Nachschenkens puren Zyankalis nicht die rechte Fröhlichkeit aufkommen, aber das neue Möbelstück gäbe dann zu keinen Beanstandungen mehr Anlass. Sie können mit Blausäure planschen, soviel Sie wollen, an dem Tisch werden Sie immer ihre Freude haben. Unter Garantie, solange Sie leben.

Hochachtungsvoll

Sehr geehrte QUICK,

eine alarmierende Nachricht zwingt mich erneut zu einem Brief
an Sie. Auf höchster Ebene ist man der Ansicht, das deutsche
Offizierskorps könne auf das Tragen eines Degens sowie einer
Galauniform mit großer Ordensschnalle verzichten. Als unter-
tänigster Diener unserer Regierung mögen mir einige Worte
warnender Kritik an einer Entscheidung vergönnt sein, die bei
dem bewaffneten Teil meiner Geschlechtsgenossen tiefe Nieder-
geschlagenheit auslöste. Das männliche Schmuckbedürfnis ist
eine der liebenswertesten Eigenschaften der Herrenwelt und
schreit besonders in Feldgrau nach seinem Recht. Es ist zu
befürchten, dass sehr feinfühlige Bundeswehrangehörige nun
nach eigenem Gutdünken die Dekoration ihrer militärischen
Garderobe übernehmen, um das verletzte Schönheitsempfinden
wieder zu festigen. Das wird man verstehen müssen. Wer will
denn sonst noch freudig zur Waffe greifen!

Mit gehorsamster Hochachtung

LORIOT

Der Kampf deutscher Offiziere für eine Wiedereinführung des militärischen Gesellschafts-
anzugs erfuhr im Sommer 1960 einen herben Rückschlag, als der Referent Dr. Schröder vom
Führungsstab der Bundeswehr erklärte, dass „Ausgehfräcke" nicht vorgesehen seien.
(Vgl. *Der Spiegel*, Nr. 23, 6. Juni 1962)

Sehr geehrte QUICK,

erneut zwingen mich persönliche Erfahrungen, eine Kernfrage
der männlichen Bekleidung anzuschneiden. Seit Jahren haben
sich, mit geringen Ausnahmen, die verantwortlichen Schöpfer
des Beinkleids hiesiger Konfektion auf einen Schnitt spezialisiert,
der das deutsche Gesäß in einem Maße überschätzt, das einer
Verletzung des männlichen Nationalstolzes gleichkommt.
Auch der elegante Herrenausstatter, den ich gestern aufsuchte,
reichte mir jene Hosen in die Umkleidekabine, deren teutonische
Hüftweite sich in verschwenderischer Fülle bis auf die Schuhe
ausdehnt, wobei er erklärte, unsere einheimischen Modelle seien
im Gegensatz zu den ausländischen sowohl praktisch als auch
bequem. Nun, diese Voraussetzungen erfüllt ein flanellner Pyjama,
möglichst ohne Hose, noch besser. Ich wagte den kühnen Einwand,
dass ich außer bequem auch modisch gekleidet zu sein wünsche,
musste daraufhin das Geschäft verlassen und bei sorgfältigem
Durchkämmen der Innenstadt erfahren, dass man offensichtlich
entschlossen ist, den deutschen Hosenboden bis zur letzten
Naht zu verteidigen. Wie eng ist bei aller Weite dieser Horizont!
Sollte der staunenden Nachwelt eines jener eigenwilligen Modelle
dereinst überliefert werden, wird sie glauben müssen, zwischen
Hamburg und München sei Mitte des 20. Jahrhunderts eine
seltsame Rasse bekleideter Paviane ansässig gewesen. Das gibt
zu denken.

    Hochachtungsvoll

    LORIOT

Sehr geehrte QUICK,

kürzlich war ich genötigt, in einem Restaurant eilig zu telefonieren.
Die hierfür vorgesehene Zelle fand ich besetzt. Die Glasscheibe
in der Tür gab den Blick auf eine Dame frei: eine vollreife Erscheinung mit prall sitzendem Kostümrock und durchsichtiger Bluse.
Ihr Gespräch musste heiteren Inhalts sein, denn sie warf häufig den
Oberkörper zurück, um in ein perlendes Gelächter auszubrechen,
oder sie beugte sich dicht über die Muschel und kicherte gedämpft
hinein. Nach etwa fünfzehn Minuten erlosch mein Interesse für
diese unterhaltsame Szene, und ich wagte ein zartes Klopfen.
Die Dame schnellte zur Hälfte heraus und versicherte mit schnei-
dender Stimme, es dauere noch mindestens zehn Minuten. Sodann
schloss sie hart die Tür, nestelte am Apparat einen mehrseitigen
Brief hervor und verlas ihn, erneut von Lachen geschüttelt, satz-
weise die Reaktion ihres Gesprächspartners abwartend. Ich ging
nach weiteren sechzehn Minuten. Mein eiliges Gespräch hatte
sich von selbst erledigt.
Ich beginne zu ahnen, warum immer wieder gerade Damen Opfer
heimtückischer Überfälle werden. Man sollte die Täter zwar nicht
belohnen, ihnen aber mindestens Straffreiheit zusichern.

Mit vorzüglicher Hochachtung

Sehr geehrte QUICK!

Mein heutiger Brief ist nicht für die Allgemeinheit bestimmt, und ich bitte Sie daher, von einer Veröffentlichung abzusehen. In einem der hiesigen Lichtspielhäuser hatte ich am letzten Wochenende den Film *Mord am Abend* gesehen und fuhr nach Hause, von der kühnen Härte desselben ungewöhnlich beeindruckt. Kurz nach Verlassen der Stadt, ich wohne 15 km außerhalb, tauchte eine winkende, vollschlanke Dame (45) im Scheinwerferlicht auf. Das war gegen 23 Uhr. Ich ließ sie einsteigen. Von der erstaunlichen Atmosphäre des Filmes noch gepackt, bog ich in einen einsamen Waldweg, lockte sie aus dem Wagen und versteckte sie, nachdem ich sie geknebelt und an Händen und Füßen gefesselt hatte, in einem Akaziengebüsch. Zu Hause ließ mir die dumme Geschichte keine Ruhe. Sie passt eigentlich gar nicht zu mir, weil ich im Allgemeinen freundlich und zurückhaltend bin. Meinen Sie, ich wurde ein Opfer der Filmindustrie, oder lässt dieser Vorfall irgendwelche Rückschlüsse auf mein Inneres zu? Es will mir nicht in den Sinn.

     Hochachtungsvoll

LORIOT

PS: Anbei eine Skizze des Tatortes. Vertraulich behandeln.

Der angesprochene Film ist eine Erfindung Loriots, die er ursprünglich *Mord am Nachmittag* nannte und dann handschriftlich korrigierte.

Sehr geehrte QUICK,

seit einigen Tagen bin ich im Besitz einer Küchenmaschine, die einem fast alle zeitraubenden Verrichtungen abnimmt. Nur Schuhe putzt sie nicht. Insbesondere wird alles, was sich ihr bis zu einem bestimmten Punkt nähert, in unvorstellbarer Geschwindigkeit zu einer zähflüssigen Paste verarbeitet, die der menschlichen Ernährung dient. Niemand kann leugnen, welch unwiderstehlicher Reiz in der Möglichkeit liegt, ein umständliches Menü von acht Gängen in Sekundenschnelle zu einer violetten Creme zu verarbeiten und erlesenen Gästen auf die Teller zu klecksen, wobei das Personal streng darauf zu achten hat, dass Kleidungsstücke und andere unbekömmliche Fremdkörper dem Apparat fernzuhalten sind. In Zweifelsfällen könnte man das nämlich weder an der Farbe noch am Geschmack des fertigen Speisebreis feststellen.

Ich liebe diese Maschine. Beweist sie doch täglich, wie nichtig alle Unterschiede auf Erden sind. Und das ist so tröstlich.

Hochachtungsvoll

Sehr geehrte QUICK,

wenn ich nicht solche Angst hätte, würde ich mein heutiges Schreiben an die Hausfrauen richten. Aber Hausfrauen flößen mir durch ihre meist angriffslustig vorgebrachten Gegenargumente einen gewissen Respekt ein, der an Furcht grenzt. –
Ich las neulich eine Zeitungsnotiz, nach der in China die meisten Familien mit einem Monatseinkommen von DM 40,– (vierzig) ihren Lebensunterhalt bestreiten. Ich räume ein, dass es wahrscheinlich häufiger Reis zum Mittag gibt, als man es hierzulande für schmackhaft und bekömmlich hält, aber sicher legt auch eine chinesische Hausfrau die Rate für die Musiktruhe zurück und verzichtet ungern auf die jährliche Gesellschaftsreise nach Italien. Und wo bleibt bei uns das ganze Geld? Ich kann mir nur denken, dass die Hausfrauen es irgendwo verstecken, um heimlich ein zügelloses Leben des Genusses zu führen. Warum werden sie sonst immer so heftig, wenn man sie darauf anspricht?
Da Ihre Redaktion vorwiegend aus Herren besteht, hoffe ich auf Verständnis dafür, dass ich in diesem Falle anonym zu bleiben wünsche.

Hochachtungsvoll

LORIOT

Sehr geehrte QUICK,

zu den Ausführungen meines Kollegen Manfred Schmidt in der vorigen Nummer teile ich Ihnen mit, dass ich die Angelegenheit meinen Anwälten übergeben habe, die zurzeit entscheiden, ob ich beleidigt bin. Wichtiger für die Öffentlichkeit erscheint mir jedoch mein gestriges Erlebnis in einer Münchner Post. Ein Mann in ländlicher Kleidung deutete auf eine in seinen Händen befindliche Briefmarke und sagte mir, er hätte gerne gewusst, wie der darauf abgebildete Herr heiße, zumal derselbe auf so vielen Marken zu sehen sei. „Heuss", antwortete ich, weil ich es eilig hatte. Da legte er grübelnd den Zeigefinger an die Nase und sagte: „Wer ist das?" Welch Kompliment für die dezente Popularität unseres Bundespräsidenten! Aber man muss befürchten, dass diesem Mann auch so zugkräftige Namen wie Chruschtschow, Eisenhower, Pohlmann, Ulbricht etc. völlig unbekannt sind und er mithin am Weltgeschehen überhaupt nicht teilnimmt. Unglücklicher Mensch! Eines Tages wird er im Weltraum wirbeln oder um den Mond rotieren und nicht einmal wissen, wie es dazu gekommen ist!

Hochachtungsvoll

Heinz Christian Pohlmann war Handelsvertreter und Hauptverdächtiger im Prozess um die Ermordung der Frankfurter Edelprostituierten Rosemarie Nitribitt am 29. Oktober 1957. Er verkaufte seinen Bericht an die *Quick*, die ihn als Fortsetzungsgeschichte abdruckte: *Quick sucht den Mörder der Nitribitt. 50 000 DM Belohnung*, in: *Quick*, Nr. 3 bis 8, 17. Januar bis 21. Februar 1959.

Walter Ulbricht regierte die DDR von 1950 bis 1971.

Dieses Schreiben ist die Antwort auf Manfred Schmidts *Ganz offenen Brief* in *Quick*, Nr. 8, 21. Februar 1959, siehe S. 247, und war ursprünglich vorgesehen für *Quick,* Nr. 9, 28. Februar 1959.

Dank an

Romi von Bülow, Bettina von Bülow, Anette Riedhammer,
Daniel Kampa, Cornelia Künne, Carola Brandt, Julia Strack,
Susanne Wagner, Doris Rode

Impressum

Herausgegeben von Susanne von Bülow,
Peter Geyer, OA Krimmel
Vorwort, Zwischentexte und Anmerkungen: Peter Geyer
Abdruck des *ganz offenen Briefs* von Manfred Schmidt auf S. 246 f.
mit freundlicher Genehmigung von Anette Riedhammer
Buchgestaltung: i_d buero
OA Krimmel, Susanne Wagner, Nils Prenz
Druck und Bindung: Kösel, Krugzell
Printed in Germany

Das „Vogelzeigen"-Urteil

Loriot hatte in seinem letzten „Ganz offenen Brief" von der „Bereicherung" gesprochen, die die abendländischen Sitten durch die Automobilisten erfahren
haben. Er meinte damit die Gepflogen-
heit der Autofahrer, sich in ärgerlichen
Situationen gegenseitig den Vogel zu
zeigen. Dieses automobilistische Brauchtum beschäftigte kürzlich sogar ein deutsches Gericht! In Bad Hersfeld wurde ein
Autofahrer zu 50,– DM Geldstrafe verurteilt, weil er einem anderen jungen
Autofahrer eine Ohrfeige gegeben hatte.
Diese Ohrfeige war – seiner Meinung
nach – die Quittung dafür, daß der junge Mann ihm einen Vogel gezeigt hatte.
Urteilsbegründung: Das „An-die-Stirne-
Tippen" ist keine Beleidigung, weil es unter deutschen Kraftfahrern „üblich ist".

Quick 34, S.3
22. August 1959

Betrifft Nr. 50, S. 111

Vogel-Zeigen doch eine Beleidigung!

Über das Benehmen einiger Autofahrer, dem „Konkur-
renten" den Vogel zu zeigen, gehen zwar nicht die An-
sichten über guten Geschmack, wohl aber die Meinungen
der Gerichte auseinander. Loriot hatte vor einigen Wochen in einem „Ganz offenen
Brief" von dieser „Bereicherung" gesprochen, die die abendländischen Sitten durch
die Automobilisten erfahren haben. Kurz darauf berichtete QUICK in Heft 34 von
einem Gerichtsverfahren, das sich mit diesem automobilistischen Brauchtum beschäftigte. Ein Richter in Bad Hersfeld hatte nämlich festgestellt: Das „An-die-
Stirn-Tippen" ist keine Beleidigung, weil es unter deutschen Kraftfahrern üblich
sei. Dieser anfechtbaren Meinung schloß sich jetzt ein Richter in Oberhausen nicht
an: Er verurteilte vielmehr zwei Kraftfahrer zu 20 und 100 DM Geldstrafe, weil sie
einem hinter ihnen fahrenden Autofahrer den Vogel gezeigt hatten. Begründung:
Wenn der „Angesprochene" das Vogelzeigen als Beleidigung empfinde, sei es auch
eine Beleidigung. Die Lehre aus diesem Prozeß: Hände weg von der Stirn!

Quick 42, S. 3
17. Oktober 1959